D. E. HARDING

PUT BEZ GLAVE

Zen i Ponovno Otkriće Očiglednog

THE SHOLLOND TRUST

Virginiji Parsell, Barbari Hopkinson
i Gene Thursby.

Objavio The Shollond Trust

87B Cazenove Road

Londra N16 6BB

Inghilterra

headexchange@gn.apc.org

www.headless.org

The Shollond Trust je britansko dobrotvorno društvo, reg. br. 1059551

Prvi put objavilo Budističko društvo, 1961.

Autorska prava © The Shollond Trust 2021

Sva prava zadržana.

Nijedan deo ove knjige ne sme se reprodukovati u bilo kom obliku bez pismene dozvole izdavača.

Dizajn rangsgraphics.com.

Zahvaljujemo Djole Stankovic na ovom prevodu.

Slika na koricama Victor Lunn-Rockliffe

ISBN 978-1-908774-85-9

PUT BEZ GLAVE

SADRŽAJ

PREDGOVOR	vii
UVOD	xi
1 ISTINSKO VIĐENJE	1
2 RAZUMEVANJE VIĐENJA	5
3 OTKRIVANJE ZENA	27
4 AŽURIRANJE PRIČE	46
(1) Beba bez glave	47
(2) Dete	48
(3) Odrasla osoba sa glavom	49
(4) Posmarač bez glave	55
(5) Praktikovanje bezglavosti	66
(6) Usavršavanje	75
(7) Prepreka	94
(8) Proboj	98
Kratak pregled i Zaključak	102
POSTSKRIPTUM	105

PREDGOVOR

Ne mora da znači da će magija delovati na svakoga; čovek nikada ne može biti siguran da će reči proizvesti efekte koje namjeravaju. Međutim, ne znam ni za jedan drugi pisani tekst koji bi bio tako sažet kao što je uvodno poglavlje ove knjige, koji bi imao veću mogućnost da prebaci percepciju čitaoca na drugačiji registar. A razlog je jasan. Uvid proizilazi iz slika više nego iz rezonovanja, a slika, koju je Harding smislio, je moćna. "Nemam glavu." Autor ostaje pri tvrdnji, koja je na prvi pogled preterana - zaokružuje je, vraća se na nju, sve dok (kao i kod *koana,* koji isto tako zvuče apsurdno na prvi pogled) barijera ne padne i vidimo, ne nešto drugo, već na drugačiji način.

> Svetlo otkriva skrivena mesta.
> Kada logika umre,
> Istina bode oči.

Možda zato što sam prvi put čitao ovu knjigu u avionu, pade mi na pamet drugi let, kada sam sedeo pored sićušne sede dame koja je, iako u osamdesetim godinama, prvi put letela avionom. Nije govorila. Međutim, u jednom trenutku, 10.000 metara iznad Grand Rapids-a, okrenula se prema meni i upitala uobičajenim, savršeno mirnim tonom, "Zašto smo stali?". Trgnuo sam se - a zatim, skoro trenutno, smešeći se njenoj naivnosti, opustio sam se. Ali ne sasvim u moje ranije prozaično stanje. Juriti kroz prostor bez ikakve percepcije zvuka ili kretanja više nije bilo uobičajeno, banalno iskustvo. Začuđenost i iznenađenje doprineli su da svet opet izgleda svež i drugačiji.

Ako, kao što uči Castanedin Yaqui šaman, Don Juan, moramo „zaustaviti svet" u njegovom običajenom obrtanju da bismo zaista videli, zapanjujuće pitanje moje saputnice iznad Mičigena, i Harding-ova zapanjujuća tvrdnja, koju sam pročitao u toku leta nad Pacifikom - „Nemam glavu – doprineli su da učinim upravo to.

Ovo revidirano izdanje donosi nekoliko poboljšanja. Obim knjige je proširen, tako da uključuje analogiju sa nebudističkim tradicijama, kao i zaključno poglavlje o „putu bez glave" kako bi se osnovni uvid knjige povezao sa svakodnevnim životom. Ali, sam uvid ostaje osnovni, kao što bi trebalo. *Anatta*, ne-sopstvo (ili, nestalno, individualno sopstvo) nije samo ključ budizma; pravilno shvaćeno, ono je ključ života. "Što je sopstvo manje prisutno", napisao je Eckhart, "tim više je Sopstvo prisutno".

Shvatamo to intuitivno; znamo da bolje vidimo kada prestanemo sebi da pravimo senku. Ali to je jedna od onih stvari koje znamo, ali ih nikada ne naučimo, tako da moramo stalno da se podsećamo na to. Ili još bolje, mora da nam se predoči na nov način, što je perspektiva koju pruža ova knjiga.

PREDGOVOR

Možemo misliti o Hardingu kako nam se obraća kao prerušeni *roši*, učitelj koji je, od svih oblika, poprimio oblik knjige. Ako želimo da budemo dostojni učenici, moramo biti spremni da primimo instrukcije iz bilo kog izvora.

Huston Smith (profesor filozofije)
Hamline University
Saint Paul, Minnesota

UVOD

Mnogo pre nego što je fiktivni *Hitchhiker-ov Vodič za galaksiju (Hitchhiker's Guide to the Galaxy)* postao poznat u ovim krajevima, ova naizgled mala, jeftina i raznolika knjiga kružila je svetom – i krčila svoj put od prijatelja do prijatelja. Primerci su viđeni ne samo na stolovima kafića, već i na planinskim stazama, u hostelima, kućama i školama. Ti primerci su, uglavnom, prilično izlizani, malo savijeni po ivicama, ali, u suštini izgledaju baš kao oni koji i dalje uživaju u njima. Naime, izgleda da poruka ove knjige ide duboko, dopire do srca i ohrabruje nas da priznamo i podelimo našu najintimniju svesnost.

To (hvala Bogu) nije akademska knjiga, niti je teška za čitanje. U svakom slučaju, njenu metodu i značaj potvrđuju nedavna istraživanja. Objašnjenje Jacob-a Needleman-a o transformaciji naših života idejama (za razliku od koncepata) u *Srcu Filozofije (The Heart of Philosophy)*, rasprava Ken-a Wilber-a o jednostavnosti krajnje svesti (i načinima na koji joj se odupiremo) u *Bez granice: istočni i zapadni pristupi ličnom rastu (No Boundary: Eastern and Western Approaches to Personal Growth)*, razlikovanje dr Arthur-a Diekman-a između posmatračkog i objektivnog sopstva u *Sopstvo koje posmatra: misticizam i psihoterapija (The Observing Self: Mysticism and Psychotherapy)*, a naročito rad Huston-a Smith-a na preusmeravanju moći ključnih percepcija (nasuprot rutinskih) u njegovom *Izvan post-modernog uma (Beyond the Post-Modern Mind)*, savremeni su primeri analize onoga što nam Douglas Harding predstavlja iz prve ruke i u prvom licu na jednostavan, ali pronicljiv način.

Od prvog izdanja, 1961. godine, *"Put bez glave" ("On Having No Head")* postao je, u izvesnom smislu, klasično delo o životu duha. Pored engleskih i severnoameričkih izdanja, kratak izbor bio je uključen u antologiju Hofstadter-a i Dennett-a, *Ja Uma: fantazije i refleksije o sopstvu i duši (The Mind's I: Fantasies and Reflections on Self and Soul)* (1981), Međutim, odlomak koji se tamo pojavio može da prikrije puno značenje Hardingove poruke, pa je ovo novo izdanje tim više dobrodošlo. Na kontinentu je, 1978. godine, u Parizu, objavljen francuski prevod Jean-a Van Harck-a, pod naslovom *Živeti bez glave (Vivre sans tete)*, a očekuje se da će nemački prevod aktuelnog izdanja biti završen i objavljen 1985. godine.

Među ostalim aktivnostima gospodina Hardinga, bila je i karijera u arhitekturi; veliki broj pisanih radova na istu temu kao što je ova - neki još nisu objavljeni – od kojih je najistaknutiji i najsloženiji *Hijerarhija neba i zemlje: novi dijagram čoveka u svemiru (The Hierarchy of Heaven and Earth: A New Diagram of Man in the Universe)*, sa veoma interesantnim predgovorom hrišćanskog naučnika

UVOD

C.S. Levis-a; patentirani trodimenzionalni model nazvan Youniverse Explorer; i još uvek aktuelan niz međunarodnih seminara i kurseva, radi upoznavanja sa najvažnijim uvidom iz ove knjige.

Međutim, ova knjiga nije o Daglas-u Harding-u, niti o nečemu striktno intelektualnom, organizacionom, ili religioznom. Ova knjiga govori o i posvećena je onome koji upravo sada čita ove stranice.

Gene R. Thursbi *(vanredni profesor religije)*
University of Florida
Gainesville Florida

Autor me je zamolio da naglasim sledeće:
Pošto je već na prvih nekoliko stranica došao do same suštine ove knjige (gde je potpuno očigledna i potpuno dostupna), čitalac ne bi trebalo da bude iznenađen ili zbunjen ako on ili ona ustanovi da je nešto od onoga što sledi, sasvim očigledno, i do sada od male koristi. Videti svoju pravu prirodu (ili bezglavost) znači biti sopstveni autoritet, poći jedinstvenim Putem i napraviti sopstvena otkrića. Namera autora – i kada navodi primere iz sopstvenog iskustva - jeste da ohrabri istinsko samopouzdanje. Kao što je napisao Emerson: „Čovek treba da nauči da uoči i posmatra onaj zrak svetlosti koji mu iz unutrašnjosti obasjava um, više od sjaja svoda bardova i mudraca."

*Pretpostavite da se neki čovek iznenada pojavi
ovde i da vam odseče glavu mačem!*

HUI-CHUNG

*Odsecite sebi glavu! ... Rastvorite celo telo u
Viđenju: postanite viđenje, viđenje, viđenje!*

RUMI

*Duša mi je oduzeta, kao i moja glava,
a ja nisam mogla to da sprečim.*

SV TERESA

*Pokrijte grudi ništavilom, a preko glave
navucite ogrtač nepostojanja.*

ATTAR

*Potpuno se predajte... Čak i ako biste morali da se
odreknete svoje glave, zašto biste žalili za njom?*

KABIR

Videti Ništavilo - to je istinsko viđenje, večno viđenje.

SHEN-HUI

1
ISTINSKO VIĐENJE

Najbolji dan u mom životu - moje ponovno rođenje, da tako kažem - bio je kada sam otkrio da nemam glavu. To nije književni gambit, duhovitost smišljena da izazove interes po svaku cenu. Ozbiljno to mislim: ja nemam glavu.

Otkrio sam to kada sam imao trideset i tri godine. Iako je to svakako došlo neočekivano, bio je to rezultat upornog istraživanja. Već nekoliko meseci bio sam zaokupljen pitanjem: *šta sam ja?* Činjenica da sam tada bio na Himalajima verovatno nije imala mnogo veze sa tim; iako tvrde da u tim krajevima neobična mentalna stanja dolaze lakše. U svakom slučaju, vrlo miran, vedar dan, i pogled s grebena, gde sam stajao, koji se širio preko maglovitih plavih dolina do najvišeg planinskog lanca na svetu, predstavljali su pozadinu dostojnu najveće vizije.

Ono što se dogodilo bilo je, zapravo, apsurdno jednostavno i obično: za trenutak sam prestao da mislim. Razum i mašta i svo mentalno brbljanje prestali su. Ovaj put, ostao sam zaista bez reči. Zaboravio sam moje ime, moju ljudskost, moje objektivno postojanje, sve ono što bi se moglo nazvati ja ili moje. Prošlost i budućnost su nestali. Bilo je to kao da sam se rodio tog trenutka, potpuno nov, bez uma, bez sećanja. Postojalo je samo Sada, sadašnji trenutak i ono što je bilo očigledno u njemu. Bilo mi je dovoljno da posmatram. A ono što sam video bile su kaki pantalone, koje su završavale dole sa par smeđih cipela, kaki rukavi, koji su se postrance završavali sa par ružičastih ruku, i kaki košulja koja se završavala gore u - apsolutno ničemu! Svakako ne sa glavom.

Odmah sam primetio da ovo ništa, ova rupa gde bi trebalo da bude glava, nije obična praznina, nije puko ništavilo. Naprotiv, bila je veoma zauzeta. Bila je to ogromna veoma ispunjena praznina, ništa u kojem je bilo mesta za sve - za travu, drveće, senovito udaljene brežuljke, i, daleko iznad njih, snežne vrhove, poput niza uglastih oblaka koji plove plavim nebom. Izgubio sam glavu i dobio svet.

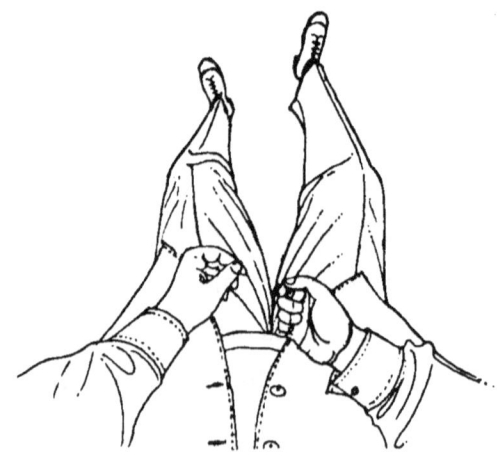

1. ISTINSKO VIĐENJE

Sve to je, doslovno, oduzimalo dah. Činilo mi se da sam potpuno prestao da dišem, da sam se stopio sa Prizorom. Bio je tu, taj divni prizor, koji je jasno sijao na čistom vazduhu, sam i bez oslonca, misteriozno viseći u praznini, i (i to je bila prava čarolija, čudo i divota) potpuno slobodan od „ja", bez bilo kakvog posmatrača. Njegovo potpuno prisustvo bilo je moje potpuno odsustvo, i tela i duše. Lakši od vazduha, prozračniji od stakla, potpuno oslobođen mene, nije me bilo nigde.

Ipak, uprkos magičnom i čudnom kvalitetu ove vizije, to nije bio san, ni ezoterično otkrovenje. Sasvim obrnuto: izgledala je kao naglo buđenje iz sna običnog života, kraj sanjanja. Bila je to stvarnost koja je blistala sopstvenom svetlošću, i, za promenu, potpuno slobodna od vela uma. *To je bilo otkrovenje, konačno, onoga što je bilo savršeno očigledno.* Bio je to lucidan trenutak u konfuznom životu. Prestao sam da ignorišem nešto što nisam video (još od ranog detinjstva), jer sam uvek bio previše zauzet ili previše pametan ili previše uplašen. Bila je to gola, nekritična pažnja prema onome što me je sve vreme gledalo u lice – potpuno odsustvo mog lica.

Ukratko, sve je bilo savršeno jednostavno i jasno i neposredno, van diskusije, misli i reči. Nije bilo nikakvih pitanja, nikakvih referenci izvan samog iskustva, već samo mir i tiha radost, i osjećaj da sam se oslobodio nepodnošljivog tereta.

******

Misao da čovek ima telo različito od njegove duše treba izbrisati; to ću uraditi tako što ću... otopiti očigledne površine i prikazati beskonačnost koja je bila sakrivena.

BLAKE

"Mislim da ću otići da je upoznam", reče Alice ... "To ne možeš da uradiš", reče Ruža. "Trebalo bi da vas posavetujem da krenete drugim putem." To je zvučalo glupo Alice, tako da nije ništa rekla, već je odmah krenula prema Crvenoj kraljici. Na njeno iznenađenje, u jednom trenutku, izgubila je iz vida.

LEWIS CARROLL

KROZ OGLEDALO

Kao lepota nisam zvezda;
Ima još mnogo lepših,
Ali moje lice - ne smeta mi
Jer ja sam iza njega;
Ljudi preda mnom suočavaju se sa njim.

Pripisano WOODROW WILSON -u

2

RAZUMEVANJE VIĐENJA

Kako je početna začuđenost mog Himalajskog otkrića počela da bledi, pokušao sam da ga sebi opišem sledećim rečima.

Na ovaj ili onaj način, neodređeno sam mislio o sebi da stanujem u ovoj kući koja je moje tijelo i da posmatram svet kroz njena dva mala okrugla prozora. Sada shvatam da uopšte nije tako. Dok gledam u daljinu, šta mi u ovom trenutku govori koliko očiju imam ovde - dva, tri, stotine, ili nijedno? U stvari, izgleda da postoji samo jedan prozor na *ovoj* strani moje fasade, i taj je široko otvoren i bez okvira i ogroman, i niko ne gleda kroz njega. Uvek ona druga osoba ima oči i lice koje ih uokviruje; nikada ova.

Postoje, dakle, dve vrste - dve veoma različite vrste - ljudskih bića. Prva, od kojih viđam bezbroj primeraka, očigledno ima glavu na ramenima (a pod "glavom" podrazumevam neprozirnu i obojenu i dlakavu loptu, prečnika od oko dvadeset centimetara, sa raznim rupama na njoj), dok druga, od koje vidim samo jedan uzorak, očigledno, ne nosi takvu stvar na svojim ramenima. I do sada sam previđao ovu značajnu razliku! Žrtva dugotrajnog ludila, doživotne halucinacije (a pod „halucinacijom" podrazumevam upravo ono što u mom rečniku piše: navodno opažanje objekta koji zapravo nije prisutan), sebe sam stalno viđao kao manje-više sličnog drugim ljudima, a svakako nikada kao dvonošca koji je bez glave, a ipak još uvek živ. Bio sam slep za jednu stvar koja je uvek prisutna i bez koje sam zaista slep - za ovu čudesnu zamenu za glavu, ovu bezgraničnu jasnoću, ovu blistavu i apsolutno čistu prazninu, koja je ipak – pre nego da sadrži - sve što je na raspolaganju. Naime, koliko god pažnje da obraćam, ne uspevam da pronađem ovde čak ni prazan ekran na kome se projektuju ove planine i sunce i nebo, ili jasno ogledalo u kojem se reflektuju, ili transparentno sočivo ili otvor kroz koji se vide - još manje osobu kojoj su predstavljeni, ili posmatrača (ma koliko neodređenog) koji se razlikuje od prizora. Ništa se ne umeće, čak ni ta zbunjujuća i neuhvatljiva prepreka zvana "udaljenost": vidljivo bezgranično plavo nebo, ružičasta belina snega, blistava zelena trava - kako mogu biti udaljeni, kada nema ničega od čega bi bili udaljeni? Praznina bez glave koja je ovde, odbija sve definicije i lokacije: ona nije okrugla, mala, ili velika, čak ni 'ovde' nasuprot 'tamo'. (Čak i kada bi ovde *bila* glava od koje bi se merila udaljenost prema spolja, merenje od nje do vrha planine, kad bi se posmatrala spreda - i ne postoji drugi način da je posmatram – svela bi se na tačku, na ništa.) U stvari, ti obojeni oblici prikazuju se u apsolutnoj jednostavnosti, bez ikakvih komplikacija

2. RAZUMEVANJE VIĐENJA

kao što je blizu ili daleko, ovo ili ono, moje ili ne-moje, koje ja vidim ili koji su jednostavno na raspolaganju. Sva dualnost - sva dihtomija subjekta i objekta – nestala je: više se ne može spoznati u situaciji u kojoj nema mjesta za nju. Takve su bile moje misli posle vizije. Međutim, pokušati da se iz prve ruke opiše neposredno iskustvo ovim ili bilo kojim drugim rečima, znači pogrešno ga predstaviti, komplikujući ono što je sušta jednostavnost: zaista, što više produžvamo autopsiju, tim više se udaljavamo od živog originala. U najboljem slučaju, ti opisi mogu da nas podsete na viziju (ali bez jasne svesnosti) ili da prizovu njeno ponavljanje; međutim, oni više ne mogu da prenesu njen suštinski kvalitet, ili da omoguće njeno ponovno pojavljivanje, više nego što najprivlačniji meni može da ima isti ukus kao prava večera, ili nego što će nam najbolja knjiga o humoru omogućiti da shvatimo šalu. S druge strane, nije moguće prestati misliti na duže vreme, i neizbježno je da se učini određeni pokušaj povezivanja lucidnih intervala sopstvenog života sa konfuznom pozadinom. To bi takođe moglo, indirektno, da podstakne povratak lucidnosti.

U svakom slučaju, postoji nekoliko prigovora koje diktira zdrav razum, koji ne mogu više da se odgađaju, pitanja koja iziskuju razumne odgovore, ma koliko da su neubedljivi.

Postaje neophodno da se "opravda" sopstvena vizija, čak i samom sebi; možda će biti potrebno da se ubede i prijatelji. U izvesnom smislu, ovaj pokušaj pripitomljavanja je apsurdan, jer nikakva diskusija ne može dodati ili oduzeti nešto iskustvu koje je tako jasno i neporecivo kao što je slušanje srednjeg C ili probanje džema od jagoda. Sa druge strane, međutim, mora se pokušati, kako se život ne bi raspao na dva potpuno strana odeljka, ograničena konceptima.

✶✶✶✶✶✶

Moj prvi prigovor bio je: možda mi nedostaje glava, ali ne i nos. Evo ga ovde, vidljiv preda mnom gde god da idem. A moj odgovor je bio: ako su ovaj nejasan, ružičast, ali savršeno transparentan oblak, koji lebdi na mojoj desnoj strani, i ovaj drugi sličan oblak, koji lebdi na mojoj levoj strani, nosevi, onda vidim dva nosa, a ne jedan; i potpuno neprozirna izbočina, koju vidim tako jasno u sredini vašeg lica, nije nos: samo beznadežno nepošten ili zbunjen posmatrač namerno bi koristio isti naziv za tako različite stvari. Više volim da se držim svog rečnika i uobičajene upotrebe, što me obavezuje da kažem: iako skoro svako ljudsko biće ima nos, ja ga nemam.

Ipak, ako bi neki nepromišljeni skeptik, u prevelikoj želji da izrazi svoj stav, zamahnuo pesnicom u ovom pravcu, ciljajući između ova dva ružičasta oblaka,

2. RAZUMEVANJE VIĐENJA

rezultat bi svakako bio isto tako neugodan kao da imam najčvršći i najosetljiviji nos. Pored toga, kako objasniti ovo mnoštvo suptilnih tenzija, pokreta, pritisaka, svraba, golicanja, bolova, toplote i pulsiranja, koji nikada nisu u potpunosti odsutni u ovom središnjem delu? I, pre svega, šta je sa ovim osećajima dodira koji se javljaju kada ovde istražujem rukom? Možda su, ipak, ta otkrića solidan dokaz postojanja moje glave ovde i sada?

Uopšte nije tako. Nema sumnje da se ovde mogu osetiti veoma različite senzacije i ne mogu se ignorisati. Međutim, one ne predstavljaju glavu, ili bilo šta slično. Jedini način da se pretvore u glavu bio bi da se dodaju svi oni sastojci koji ovde očigledno nedostaju - posebno, svi obojeni oblici u tri dimenzije. Kakva je to glava kojoj, iako sadrži bezbrojne senzacije, nedostaju oči, uši, usta, kosa, i zaista sva telesna oprema koja se može videti kod drugih glava? Očigledno je da ovo mesto mora biti bez svih tih opstrukcija, bez najmanje zamagljenosti ili obojenosti, koje bi mogle da zamagle moj univerzum.

U svakom slučaju, kada počnem naslepo da opipavam moju izgubljenu glavu, umesto da je pronađem ovde, gubim i svoju istraživačku ruku: bezdan u središtu mog bića progutao je i nju. Očigledno, ova širom otvorena pećina, ova prazna osnova svih mojih aktivnosti, ovo tako blisko, ali gotovo nepoznato područje, ovo čarobno mesto gde sam mislio da imam glavu, zapravo više liči na far, čija vatra je tako žestoka da, odmah i potpuno, sagori sve stvari koje joj se približe, tako da njegov svetli sjaj i jasnoća, koji obasjavaju svet, nikada ni na trenutak nisu pomračeni. Što se tiče tih skrivenih bolova i golicanja i tako dalje, oni ne mogu ugasiti ili zaseniti ovu središnju svetlost više nego što to mogu ove planine i oblaci i nebo. Upravo suprotno: svi oni postoje u njenom sjaju, i čine je vidljivom. Sadašnje iskustvo, bilo koje čulo da se koristi, dešava se samo u praznoj i odsutnoj glavi. Jer, ovde i sada, moj svet i moja glava nisu kompatibilni: oni se neće sjediniti. Nema mesta za oboje istovremeno na ovim ramenima, i srećom, moja glava mora da ode sa čitavom njenom anatomijom. To nije pitanje za raspravu, niti za filozofsku oštromnost, ili dostizanja određenog stepena razvoja, već jednostavnog viđenja - POGLEDAJ-KO-JE-OVDE, umesto ZAMISLI-KO-JE-OVDE, umesto PRIHVATI-OPŠTEPRIHVAĆENI-STAV-O-TOME-KO-JE-OVDE). Ne vidim ono što jesam (a pogotovo ono što nisam) zato što je moja mašta suviše aktivna, zato što sam previše „duhovan", previše odrastao i obrazovan, previše lakoveran, previše zastrašen od društva i jezika, previše uplašen od očiglednog da bih prihvatio situaciju upravo onakvu kakvu je vidim u ovom trenutku. Samo ja sam u stanju da opišem ono što je ovde. Potrebna mi je neka vrsta budne naivnosti. Potrebne su nevine oči i prazna glava

2. RAZUMEVANJE VIĐENJA

(da ne pominjem hrabro srce) da bih prihvatio njihovu savršenu prazninu.

✶✶✶✶✶✶

Verovatno postoji samo jedan način da se preobrati skeptik koji još uvek tvrdi da ovde imam glavu, a to je da ga pozovem da dođe ovde i lično se uveri. Ali on mora biti pošten izveštač, koji opisuje ono što posmatra i ništa više. Kada je na suprotnoj strani sobe, on me vidi u punoj veličini kao čoveka-sa-glavom. Međutim, kako se približava, vidi pola čoveka, zatim glavu, pa nejasan obraz ili oko ili nos, a onda samo nejasnu sliku, i na kraju (u tački dodira) ne vidi baš ništa. Umeto toga, ako je možda opremljen neophodnim naučnim instrumentima, on izveštava da nejasna slika postaje tkivo, zatim grupa ćelija, pa jedna ćelija, ćelijsko jezgro, gigantski molekuli... i tako dalje, dok ne dođe do mesta gde se ništa ne može videti, do prostora bez bilo kakvih čvrstih ili materijalnih objekata. U oba slučaja, posmatrač koji dođe ovde da bi ustanovio šta sam ja zaista, vidi ono što ja ovde vidim - prazninu. I, pošto otkrije i podeli moje nepostojanje ovde, ako bi se okrenuo (i pogledao napolje sa mnom umesto unutra prema meni), opet bi video ono što i ja – da je ova praznina ispunjena prizorom. I on bi ustanovio da ova središnja Tačka eksplodira u Beskonačni Prostor, ovo Ništa u Sve, ovo Ovde u Svuda.

I ako moj skeptični posmatrač i dalje sumnja u svoja čula, može da isproba svoju kameru - uređaj koji nema memoriju ni predviđanje, može da registruje samo ono što se nalazi na mestu gde je postavljena. Snima iste slike o meni. Tamo preko, snima čoveka: na pola puta, neki njegov deo: ovde, nikakvog čoveka i ništa – ili pak, kada je usmerena prema spolja, snima njegov svet.

✸✸✸✸✸✸

Dakle, *ova* glava nije glava, već pogrešna ideja. Ako je još uvek mogu naći ovde, ja "vidim stvari" i trebalo bi, pod hitno, da odem kod lekara. Nije važno da li nalazim moju glavu, ili Napoleonovu, ili glavu Device Marije, ili prženo jaje, ili predivan buket cveća: imati bilo kakav ukras na vrhu glave, znači patiti od iluzija.

Međutim, za vreme mojih lucidnih intervala, ovde sam očito bez glave. Tamo, na drugoj strani, očigledno sam daleko od toga da sam bez glave: zapravo, imam toliko glava da ne znam šta da radim sa njima.

Skrivene u onima koji me posmatraju i u kamerama, izložene u ramovima za slike, prave grimase iza ogledala kada se brijem, gledaju sa kvaka i kašika i tacni za kafu i sa bilo kojeg ispoliranog predmeta, moje glave se uvek pojavljuju - iako više ili manje smežurane i iskrivljene, okrenute napred-nazad, često izvrnute, i uvećane do beskonačnosti.

2. RAZUMEVANJE VIĐENJA

Ipak, postoji samo jedno mesto gde moja glava ne može nikada da se pojavi, a to je ovde na mojim ramenima, gde bi izbrisala ovu Središnju Prazninu, koja je sam izvor mog života: na sreću, ništa to ne može da učini. U stvari, te labave glave nikada ne mogu da budu više od nepostojanih i beznačajnih događaja tog „spoljašnjeg" ili pojavnog sveta koji, iako je potpuno identičan sa Središnjom Suštinom, ne može uopšte da utiče na nju . Toliko je moja glava u ogledalu neprivilegovana, da je ne podrazumevam kao svoju: kao dete, nisam se prepoznavao u ogledalu, a ni sada, kada mi se, na trenutak, vrati izgubljena nevinost. U mojim lucidnjim trenucima, vidim da je onaj čovek tamo, onaj isuviše poznati tip koji živi u drugom kupatilu iza ogledala i, naizgled, provodi sve svoje vreme zureći u ovo kupatilo - onaj mali, dosadni, ograničeni, specifični posmatrač, koji stari, i koji je, oh-tako-ranjiv, sušta suprotnost mom pravom Sopstvu ovde. Ja nikada nisam bio ništa drugo osim ove večne, nemerljive, lucidne i potpuno besprekorne Praznine; nezamislivo je da sam ikada mogao da pomešam to priviđenje, koje me posmatra odande, sa mojim ja koje jasno vidim ovde, sada i uvek!

******

Iako je očigledno u neposrednom iskustvu, sve to izgleda krajnje paradoksalno, kao uvreda zdravog razuma. Da li je to i uvreda za nauku, za koju se tvrdi da je samo malo pročišen i uređen zdrav razum? U svakom slučaju, naučnik ima svoju priču o tome kako ja vidim neke stvari (kao što je vaša glava), ali ne i druge (kao što je moja glava): i očigledno njegova priča deluje. Pitanje je: može li da mi vrati glavu na ramena, gde je, kako mi ljudi govore, njeno mesto?

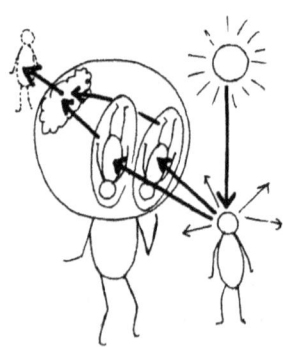

Na najkraći i najjednostavniji način, njegova priča o tome kako vas vidim glasi otprilike ovako. Svetlost polazi od sunca, i osam minuta kasnije dolazi do vašeg tela,

2. RAZUMEVANJE VIĐENJA

koje upija jedan njen deo. Preostali deo odbija se u svim pravcima, i jedan deo dopire do mog oka, prolazi kroz sočivo i formira vašu obrnutu sliku na ekranu na zadnjem delu moje očne jabučice. Ta slika izaziva hemijske promene u supstanci osetljivoj na svetlost, koja je tamo prisutna, i te promene uznemiravaju ćelije (to su sitna živa bića), koje sačinjavaju ekran. One prenose svoju uznemirenost na druge, veoma izdužene ćelije; a one, zatim, na ćelije u određenom delu mog mozga. Tek kada se dostigne ta zadnja stanica, i kada su molekuli, atomi i čestice tih moždanih ćelija pogođeni, vidim vas ili bilo šta drugo. Isto važi i za druga čula; ne vidim, ne čujem, ne mirišem, ne osećam ukus niti dodir bilo čega, sve dok konvergentni stimulansi zaista ne stignu, posle najdrastičnijih promena i odlaganja, do tog središta. Samo na toj zadnjoj sanici, u ovom trenutku i na ovom mestu svih dolazaka u Veliku Centralnu Stanicu mojeg Ovde-Sada, ceo sistem saobraćaja - ono što ja nazivam mojim univerzumom – nastaje. Za mene, to je vreme i mesto svakog stvaranja.

U ovoj jednostavnoj naučnoj priči, postoje mnoge čudne stvari, beskrajno daleko od zdravog razuma. A najčudnija od njih je da zaključak priče poništava ostatak. Naime, tvrdi se da je sve što mogu da znam ono što se dešava ovde i sada, na ovom moždanom terminalu, gde je moj svet čudesno stvoren. Nemam mogućnost da saznam šta se događa drugde - u drugim delovima moje glave, u mojim očima, u spoljnom svetu - ako, zaista, uopšte *postoji* to drugde, spoljašnji svet. Činjenica je da su moje telo, i vaše telo, i sve ostalo na Zemlji, i sam Univerzum - kao što mogu da postoje tamo spolja sami po sebi i u svom sopstvenom prostoru, nezavisno od mene – puke izmišljotine, koje nisu vredne pažnje. Nema dokaza, niti će ih biti, o postojanju dva paralelna sveta (nepoznatog spoljnog ili fizičkog sveta tamo, kao i poznatog unutrašnjeg ili mentalnog sveta ovde, koji ga misteriozno duplira), već samo dokaz o ovom svetu koji je uvek ispred mene, i u kojem ne vidim nikakvu podelu na um i materiju, unutra i spolja, dušu i telo. Upravo je onakav kakvog ga vidim, ni manje ni više, i to je eksplozija ovog središta - ovog terminalnog mesta gde bi trebalo da se nalazi "ja" ili "moja svest" - eksplozija dovoljno snažna da ispuni i postane ovaj bezgranični prizor, koji je sada preda mnom, koji *je* ja.

Ukratko, objašnjenje naučnika o percepciji, daleko je od toga da pobija moju naivnu priču, samo je potvrđuje. Provizorno i radi praktičnosti - stavio je glavu na moja ramena, ali ju je univerzum ubrzo izbacio. Zdravorazumsko ili neparadoksalno mišljenje o meni kao o „običnom čoveku s glavom" uopšte ne funkcioniše; čim ga malo pažljivije razmotrim, ispostavlja se da je apsurdno.

✶✶✶✶✶✶

2. RAZUMEVANJE VIĐENJA

Pa ipak (kažem ja sebi) izgleda da sasvim dobro funkcioniše za sve svakodnevne, praktične svrhe. I dalje se ponašam kao da čvrsta lopta od dvadesetak centimetara zaista lebdi ovde, tačno u sredini mog univerzuma. I sklon sam da dodam da se, u ne baš radoznalom i zaista tvrdoglavom svetu u kojem svi mi živimo, taj očigledni apsurd ne moze izbeci: naravno, to je tako prikladna fikcija da bi lako mogla biti i čista i jednostavna istina. U stvari, to je uvek laž, a često i neprikladna laž: čovek čak može da izgubi novac. Razmislite, na primer, o dizajneru reklama – koga niko ne bi optužio za fanatičnu odanost istini. Njegov posao je da me ubedi, a jedan od najefikasnijih načina da uspe u tome je da me uvede u reklamu onakvog kakav zaista jesam. Prema tome, on mora da izostavi moju glavu iz nje.

Umesto da mi pokaže *drugu vrstu* čoveka - onoga sa glavom – koji podiže čašu ili cigaretu do usta, on pokazuje *moju*

vrstu kako to radi: ova moja desna ruka (u položaju koji je tačno pod pravim uglom u donjem desnom uglu slike, i manje-više bez ruke) koja podiže čašu ili cigaretu – do ovih ne-usta, do ove široke praznine. *Ovaj* čovek zaista nije stranac, već je ja kao što vidim sebe. Skoro neizbežno, sam upleten. Nije čudno što se ovi delovi tela pojavljuju u uglovima slike, bez kontrolnog mehanizma glave u centru, koja bi ih povezala ili pokrenula - nije čudno što mi izgledaju savršeno prirodni: nikada nisam imao druge! A realizam reklamnog agenta, njegovo izuzetno znanje o tome kako zaista izgledam, očigledno se isplati: kada mi glava ode, moj otpor prema kupovini spreman je da sledi. (Međutim, postoje granice: malo je verovatno, na primer, da će prikazati ružičastu mrlju odmah iznad čaše ili cigarete, jer ja ionako dodajem taj realistični detalj. Ne bi imalo svrhe da mi dodaje još jedan transparentan nossenku.)

I filmski režiseri su praktični ljudi, mnogo zainteresovaniji za uspešno ponovno stvaranje iskustva, nego za spoznaju prirode onoga koji doživljava; u stvarnosti, međutim, jedno podrazumeva jedan deo drugog. Naravno, ti stručnjaci su potpuno svesni (na primer) koliko je slaba moja reakcija na pogled na vozilo kojim, očigledno, upravlja neko drugi, u poređenju sa mojom reakcijom kada vidim vozilo kojim, naizgled, ja upravljam. U prvom slučaju, ja sam posmatrač na

2. RAZUMEVANJE VIĐENJA

pločniku, koji posmatra dva slična automobila koji se brzo približavaju, sudaraju se, vozači stradaju, plamen ih zahvata - i ja sam blago zainteresiran. U drugom slučaju, ja sam jedan od vozača – bez glave, naravno, kao i svi vozači u prvom licu, a moj auto (ono malo što se može videti) nepokretan je. Evo mojih drhtavih kolena. Noga pritiska gas. Ruke se bore sa volanom. Duga hauba spušta se napred. Telefonski stubovi prolaze pored mene. Put krivuda levo i desno; a drugi auto, u početku sićušan, postaje sve veći, i ide pravo prema meni, a onda sudar, veliki bljesak svjetla i potpuna tišina ... Spuštam se na sedište i nastojim da povratim dah. Prizor me je potpuno obuzeo.

Kako se snimaju ove sekvence u prvom licu? Postoje dva načina: ili se fotografiše maneken bez glave, tako što se kamera postavi na mesto glave; ili se fotografiše čovek, tako da glavu pomera unazad ili na jednu stranu, da bi se napravilo mesto za kameru. Drugačije rečeno, da bih se identifikovao sa glumcem, njegova glava se uklanja: on mora biti moj tip osobe. Slika mene-sa-glavom uopšte nema nikakvu sličnost: ona je portret nekog drugog, slučaj pogrešnog identiteta.

Zanimljivo je da svako treba da se obrati reklamnom agentu da bi stekao uvid u najdublje - i najjednostavnije - istine o sebi; čudno je i to da složeni moderni izum, kao što je bioskop, doprinosi da se oslobodimo iluzije koju mala deca i životinje nemaju. Međutim, nekada davno, postojala su i druga podjednako zanimljiva sredstva koja su ukazivala na ono što je potpuno-očigledno, i naša ljudska sposobnost za samozavaravanje sigurno nikada nije bila potpuna. Duboka, iako nejasna svesnost o ljudskom stanju može lako da objasni popularnost mnogih starih kultova i legendi o odvojenim i letećim glavama, ili jednookim ili bezglavim čudovištima i pojavama, o ljudskim telima sa neljudskim glavama, i mučenika koji su hodali kilometrima nakon što im je odsečena glava - fantastične slike, nema sumnje, ali bliže pravoj predstavi o *ovom* čoveku, o prvom licu jednine, u sadašnjem vremenu, nego što zdrav razum ikada može da dođe.

******

Moje himalajsko iskustvo, dakle, nije bila puka poetska fantazija ili eterični mistični let. U svakom slučaju, ispostavilo se da je to bio trezveni realizam. I postepeno, sledećih meseci i godina, postao sam svestan potpunog značaja njegovih praktičnih implikacija i aplikacija, njegovih posledica koje menjaju život.

Na primer, shvatio sam da taj novi način viđenja mora da preobrazi moj stav prema drugim ljudima, i, zapravo prema svim stvorenjima, po dva osnova. Na prvom mestu, zato što poništava konfrontaciju. Kada vas sretnem, za mene postoji samo jedno lice - vaše - i nikada ne mogu da budem licem u lice sa vama. U stvari,

2. RAZUMEVANJE VIĐENJA

mi razmenjujemo lica, i ta razmena je veoma dragocena i intimna. Na drugom mestu, zato što mi omogućava da potpuno i tačno vidim Stvarnost koja se krije iza vaše pojave, da vas vidim onakvim kakvi ste za sebe, i imam puno razloga da vas veoma poštujem. Naime, moram da verujem da je ono što je istinito za mene, istinito za sve, da smo svi u istom položaju - svedeni na prazninu bez glave, na ništa, tako da možemo da sadržimo i postanemo sve. Ta beznačajna osoba, sa glavom, solidnog izgleda, koju mimoilazim na ulici – upravo *to* je pojava koja nikada ne odoleva pažljivom ispitivanju, prerušena osoba, suprotnost i kontradikcija *prave osobe* čija veličina i sadržaj su beskonačni: i moje poštovanje prema toj osobi, kao i prema svakom živom biću, takođe bi trebalo da bude beskonačno. Njena vrednost i veličanstvenost ne mogu se preceniti. Sada znam tačno ko je ona i kako da se odnosim prema njoj.

U stvari, on (ili ona) je ja. Dok je svako od nas imao glavu, prirodno, bili smo dve različite osobe. Međutim, sada kada smo praznine bez glave, šta može da nas razdvoji? Ne mogu da nađem nikakav omotač koji bi obuhvatio ovu prazninu, moje ja, nikakav oblik, granicu ili ivicu: tako da ne može a da se ne spoji sa drugim prazninama.

Ja sam moj savršeni uzorak tog spajanja. Ne sumnjam u reči naučnika, koji, sa svoje tačke gledišta tamo, tvrdi da imam jasno definisanu glavu, koja se sastoji od ogromne hijerarhije jasno definisanih tela, kao što su organi, ćelije i molekuli - bezgranično složen svet fizičkih stvari i procesa. Međutim, ja slučajno znam unutrašnju priču (ili bolje rečeno, jesam unutrašnja priča) ovog sveta i svakog njenog stanovnika, i ona je u potpunoj suprotnosti sa spoljašnjom pričom. Upravo ovde, vidim da je svaki član ove velike zajednice, od najmanje čestice do same moje glave, nestao kao noćna tama na svetlosti sunca. Nijedan stranac nije kvalifikovan da govori za njih: samo ja sam u položaju da to učinim, i kunem se da su svi transparentni, jednostavni, prazni, i jedno, bez ikakve podele.

Ako je to tačno za moju glavu, tačno je i za sve ono što smatram da je "moje ja" i "ovde" - ukratko, za celo ovo telo-um. Kakvo je zaista (pitam se) telo u kojem se nalazim sada? Da li sam zatvoren u onome što je Markus Aurelius nazvao vrećom krvi i truleži (i što bismo mogli nazvati pokretni zoološki vrt, ili gradom ćelija, ili hemijskom fabrikom, ili oblakom čestica), ili sam isključen iz njega? Da li svoj život provodim unutar čvrstog bloka u ljudskom obliku (otprilike 180 x 60 x 30 cm), ili izvan tog bloka, ili možda i unutar njega i izvan njega? Činjenica je: stvari uopšte nisu takve. Ovde nema prepreka. Nema unutrašnjosti niti spoljašnjosti. Nema prostora niti nedostatka prostora. Nema skrovišta niti skloništa: ovde ne nalazim dom u kome bih živeo ili iz kojeg bih bio izbačen, a ni centimetar zemlje da ga izgradim na njoj. Ipak, ovo

2. RAZUMEVANJE VIĐENJA

beskućništvo savršeno mi odgovara – dom praznini ne treba. Ukratko, ovaj fizički poredak stvari, naizgled tako čvrst i dalek, uvek nestaje i ne ostavlja nikakav ostatak, kada se zaista pažljivo ispita. Shvatam da to važi ne samo za moje ljudsko telo, već i za moje sveukupno Telo, sam univerzum. (Čak i sa stanovišta stranca, razlika između tih tela je veštačka: ovo malo telo je toliko funkcionalno povezano sa svim drugim stvarima, toliko zavisi od svoje okoline, da ne postoji i nije zamislivo samo po sebi; u stvari, nijedno stvorenje ne može da preživi ni na trenutak, osim kao to jedno Telo, jedino koje je apsolutno tamo, samostalno, nezavisno, i stoga zaista živo.) Koliko od tog sveukupnog Tela preuzimam zavisi od okolnosti, ali automatski preuzimam koliko god mi je potrebno. Na taj način, mogu veoma lako da se identifikujem sa mojom glavom, telom od šest stopa, porodicom, zemljom, planetom i solarnim sistemom (kao kada zamišljam da im prete drugi) - i tako dalje, i nikada ne nailazim na bilo kakvu granicu ili prepreku. I koliko god da je veliko ili malo telo koje privremeno preuzimam - ovaj deo sveta koji zovem mojim i smatram da je ovde, na koji sada mislim i sa kojim osećam solidarnost, koji je moja podrška, čije sam gledište usvojio, na čije mesto sam sebe postavio – uvek se ispostavlja da je prazno, ništa samo po sebi. Stvarnost iza svih pojava je lucidna, otvorena i potpuno dostupna. Ja znam svoj put unutra i iz tajne najintimnije suštine svakog stvorenja, koliko god da ona izgleda daleko ili odbojno strancu, pošto smo svi jedno Telo, a to Telo je jedna Praznina. I ta praznina je *ova* praznina, potpuna i nedeljiva. Nije razdeljena niti podeljena na moju i vašu i njihovu, već je u celini prisutna ovde i sada. Upravo ovo mesto, moje posmatračko mesto, ova posebna „rupa gde bi trebalo da bude glava" - *to* je Osnova i Kontejner čitavog postojanja, jedini Izvor svega što se pojavljuje (kada se projektuje „tamo") kao fizički ili pojavni svet, jedina beskonačno plodna Materica, iz koje se rađaju i u koju se vraćaju sva stvorenja. To je apsolutno Ništa, a ipak je sve stvari; jedina Stvarnost, a ipak odsutna. To je moje Sopstvo. Ne postoji ništa drugo. Ja sam svako i niko, i Jedini.

※※※※※※

*Duša sada više nema svesnost o telu i neće sebi dati
tuđe ime, ni čovek, ni živo biće, niti bilo šta drugo.*

PLOTINUS

*Kada odbaci telo daleko kao leš, Mudrac
se nikada više ne vezuje za njega.*

SANKARA

*Ako neko otvori oči i potraži telo, više ga ne
može naći. To se naziva: U praznoj sobi, ono
postaje svetlo. Unutra i spolja, sve je podjednako
svetlo. To je veoma povoljan znak.*

TAJNA ZLATNOG CVETA

*Obećajte da ćete postići savršeno razumevanje
da je iluzorno telo kao rosa i svitanje.*

ZEN UČITELJ HSU IUN (na samrtnoj
postelji, 1959. godine)

3

OTKRIVANJE ZENA

Mesecima i godinama posle mog prvobitnog iskustva bezglavosti, tada, veoma sam se trudio da ga shvatim, sa rezultatima koje sam ukratko opisao. Karakter same vizije nije se menjao u tom periodu, iako je dolazila lakše kada sam je pozivao i trajala je duže. Ali njeno usavršavanje, njeno značenje, razvijalo se kako se nastavljala, i naravno, bila je pod velikim uticajem onoga šo sam čitao. Izvesnu pomoć i ohrabrenje, naravno, našao sam u knjigama - naučnim, filozofskim i religijskim. Pre svega, otkrio sam da su neki od mistika, izgleda, videli i cenili ono što ja vidim da jesam, ovde.

S druge strane, rasprava se pokazala gotovo beskorisna. "Naravno da ne mogu da vidim svoju glavu", rekli bi moji prijatelji. „Pa šta?" I ja bih, glupo, počeo da odgovaram: „Pa sve! Znači, vi i ceo svet okrenuti ste naglavačke i iznutra prema spolja ... " Nije vredelo. Nisam mogao da opišem svoje iskustvo na način koji bi zainteresovao slušaoce, niti da im prenesem bilo šta o njegovom kvalitetu ili značaju. Zaista nisu imali pojma o čemu govorim - neprijatna situacija za obe strane. Tu je bilo nešto sasvim očigledno, neizmerno značajno, otkrovenje čiste i zapanjujuće radosti - meni i nikom drugom! Kada ljudi počnu da vide stvari koje drugi ne mogu da vide, podižu obrve, zovu doktore. I ja sam ovde bio u istoj situaciji, osim što je moj slučaj bio da ne vidim stvari. Izvesna usamljenost i frustracija bili su neizbežni. Verovatno se pravi ludak oseća ovako (mislio sam) - odvojen, nesposoban da komunicira.

Još jedan razlog za obeshrabrenost bila je činjenica da, među mojim poznanicima, često obrazovaniji i inteligentniji nisu bili u stanju da vide suštinu: kao da je bezglavost bila infantilna digresija, koju bi, poput sisanja palca, čovek trebao odavno da prevaziđe i zaboravi. Što se tiče pisaca, neki od najbriljantnijih, potpuno neočekivano, rekli bi mi da sam lud – ili da su oni ludi. Chesterton, u *Napoleonu Notting Hill-a (The Napoleon of Notting Hill)*, završava svoju ironičnu listu naučnih čuda sa vrhunskim apsurdom: ljudi bez glave! A veliki filozof Dekart (s pravom je smatran velikim, jer započinje svoje revolucionarno istraživanje pitanjem šta je potpuno očigledno) ide još dalje: on zapravo započinje svoju listu činjenica - stvari koje su "istinite jer ih percipiraju čula" - sa zapanjujućom najavom: "Prvo sam primetio da imam glavu." Čak i čovek na ulici, koji bi trebao to da zna, kaže o nečemu što je posebno očigledno: "Zašto, pa to je očigledno kao nos na tvom licu!" Od svih mogućih očiglednih stvari koje je mogao da izabere, morao je da odabere baš to!

3. OTKRIVANJE ZENA

I dalje sam više voleo dokaze mojih sopstvenih čula nego sve glasine. Ako je to bilo ludilo, barem nije bilo ludilo iz druge ruke. U svakom slučaju, nikada nisam sumnjao da je ono što sam video bilo ono što su mistici videli. Jedina čudna stvar bila je što je izgledalo da je tako malo njih to videlo na taj način. Činilo se da je većina majstora duhovnog života „zadržala svoju glavu"; ili ako nisu, malo njih je mislilo da je gubitak vredan pomena. I sigurno nijedan od njih, koliko sam mogao da otkrijem, nije uključivao praksu bezglavosti u bilo koji program učenja duhovnih vježbi. Zašto je tako očigledan indikator, takva uvjerljiva i uvek prisutna demonstracija te Ništavnosti koju duhovne vođe stalno naglašavaju, tako zanemarena? Na kraju krajeva, apsurdno je očigledna; nemoguće je izbeći je. Ako je išta očigledno, onda je to ona. Bio sam zbunjen: ponekad čak i obeshrabren.

A onda - bolje ikada nego nikada – otkrio sam Zen.

✶✶✶✶✶✶

Zen-budizam se smatra teškim - naročito za zapadnjake, kojima se, zbog toga, često preporučuje da se drže svoje religijske tradicije, ako mogu. Moje iskustvo je bilo upravo suprotno. Konačno, nakon više od decenije uglavnom bezuspešnog traganja, našao sam mnogo sličnosti sa najznačajnijim iskustvom mog života u rečima zen-učitelja: govorili su mojim jezikom, govorili su o mom stanju. Saznao sam da mnogi od tih učitelja nisu samo izgubili svoje glave (kao i svi mi), već su bili potpuno svesni svog stanja i njegovog ogromnog značaja, i koristili su sve moguće načine da bi svoje učenike doveli do iste spoznaje. Dozvolite mi da vam dam nekoliko primera.

U čuvenoj *Sutri Srca,* koja sažima suštinu mahajana budizma i svakodnevno se recituje u zen-manastirima, na početku se navodi da je telo samo praznina, i tvrdi se da nema oka, uha, nosa. Razumljivo, ova jednostavna tvrdnja zbunila je mladog Tung-shana-a (807-869); a ni njegov učitelj, koji nije bio Zenista, nije je baš shvatio. Učenik je pažljivo posmatrao učitelja, a zatim prstima istražio svoje lice. "Imate par očiju", rekao je, "i par ušiju, i ostalo; kao i ja. Zašto nam Buda kaže da tih stvari nema? "Njegov učitelj je odgovorio:" Ne mogu ti pomoći. Mora da te podučava Zen-učitelj. "Otišao je i prihvatio savet. Međutim, njegovo pitanje ostalo je bez odgovora, sve dok, mnogo godina kasnije, dok je šetao, nije slučajno pogledao dole u bazen mirne vode. Tamo je otkrio ljudske osobine o kojima je govorio Buda –vidljive tamo gde pripadaju, gde ih je uvek držao: tamo daleko, ostavljajući ovo mesto zauvek prozirnim, zauvek bez njih, kao i bez svega ostalog. Zahvaljujući tom najjednostavnijem otkriću - otkrovenju savršeno očiglednog – koje se pokazalo kao suštinska spoznaja za kojom je Tung-shan tako dugo tragao, postao je ne samo poznati zen-učitelj , već i osnivač Soto-a, koji je danas najveća zen-sekta.

3. OTKRIVANJE ZENA

Vek ili više pre tog događaja, Hui-neng (637-712), Šesti Patrijarh Zena, dao je svoj čuveni savet o istoj temi. Savetovao je svog brata-monaha Ming-a da zaustavi svu svoju žudnju i razmišljanje i da *vidi*. "Vidi kako u ovom trenutku izgleda tvoje lice - Lice koje si imao pre nego što si se rodio (zapravo, pre nego što su se tvoji roditelji rodili)." Zapisano je da je Ming odmah posle toga otkrio u sebi taj osnovni izvor svih stvari, koji je do tada tražio spolja. Sada je shvatio celu suštinu i bio je sav u suzama i u znoju. Pozdravljajući Patrijarha, upitao ga je koje druge tajne još treba da otkrije. „U onome što sam ti pokazao", odgovorio je Hui-neng, „ništa nije sakriveno. Ako pogledaš unutra i prepoznaš sopstveno "Prvobitno Lice", sve tajne su u tebi. "

Hui-neng-ovo Prvobitno Lice (Ne-lice, Ne-stvar) najpoznatija je i za mnoge najkorisnija od svih Zen koan-zagontki: vekovima se u Kini govorilo da je predstavljala jedinstveno efektivan pokazatelj prosvjetljenja. U stvari, prema Daito Kokushi-ju (1281-1337), svih sedamnaest stotina Zen-koana jednostavno su pokazatelji našeg Izvornog i Bezličnog Lica. O tome, Mumon (13. v.) kaže: [1]

Ne možete ga opisati niti nacrtati, *
Ne možete ga dovoljno pohvaliti niti shvatiti.
Ne može se naći mesto gde bi se

---

[1] Ali možete ga pokazati na crtežu - vidi poglavlje 1 - ili bolje, van crteža, po onome što na njemu nedostaje.)

stavilo Prvobitno Lice;
Neće nestati, čak ni kada univerzum bude uništen.

Jedan od Hui-neng-ovih naslednika, Zen-učitelj Šhih-tou (700- 790), krenuo je malo drugačijim putem. " Rešite se vašeg grla i usana, i dozvolite mi da čujem što možete da kažete", zapovedio je on. Jedan monah je odgovorio: "Ja nemam takve stvari!" "Onda možete proći kapiju", bio je ohrabrujući odgovor. Postoji i vrlo slična priča o Ših-t'-ou-ovom savremeniku, učitelju Pai Čang-u (720-814), koji je upitao jednog od svojih monaha kako uspeva da govori bez grla, usana ili jezika. Naravno, glas potiče iz nečujne Praznine - iz Praznine o kojoj Huang-Po (d. 850) piše: "To je sveprožimajuća, besprekorna lepota; ona je samopostojeći i nestvoreni Apsolut. Kako onda uopšte može biti pitanje za diskusiju da pravi Buda nema usta i da ne propoveda Dharmu, ili da za pravo slušanje nisu potrebne uši, jer ko to može da čuje? Ah, to je neprocenjivi dragulj.

Kao pomoć toj spoznaji, Bodhidharma, Prvi Zen-Patrijarh (6. v.), navodno, je propisao jedan dobar udarac čekićem po potiljku. Tai-hui (1089-1163) bio je podjednako beskompromisan: "Ova materija (Zen) je poput velike vatrene mase: kada joj se približite, vaše lice će sigurno biti sprženo. To je, opet, kao mač koji samo što nije potegnut. Kada bude izvučen iz korica, neko će sigurno izgubiti život ... Dragoceni *vajra* mač upravo je ovde i njegova svrha je da odseče glavu. "Zaista, ovo

3. OTKRIVANJE ZENA

odsecanje glave bila je uobičajna tema razgovora između zen-učitelja i učenika. Na primer, ovaj, razgovor iz 9. veka:

Lung-ya: Ako bih ti zapretio da ću da ti odsečem glavu najoštrijim mačem na svetu, šta bi uradio?
Učitelj mu je povukao glavu.
Lung-ya: Glava ti je uklonjena!
Učitelj se nasmešio.

Učitelj i učenik, obojica bez glave, očigledno su se dobro razumeli. Isto tako dobro razumeli bi i savet muslimanskog Jalalu'l-Din Rumi-ja, najistaknutijeg mističnog pesnika Persije (1207-1273): „Odsecite sebi glavu!" „Rastvorite celo telo u Viđenju: postanite viđenje, viđenje, viđenje!"

"Naučio sam od Njega", kaže drugi veliki mistični pesnik, Indijac Kabir (rođen 1440.), "da vidim bez očiju, da čujem bez ušiju, da pijem bez usta."

Međutim, da li je Kabir mogao da vidi, da nije imao oči da vidi? Pa, kao što smo već napomenuli, i moderna nauka se slaže sa tim da mi, zapravo, ne vidimo očima. Oni su samo karike u dugom lancu koji se proteže od sunca, sunčeve svjetlosti i atmosfere i osvetljenih predmeta, do očnih sočiva i mrežnjače i optičkih nerava, sve do česticama/ talasima-česticama nastanjen prostor u jednom delu mozga, gde se, na kraju (kažu) viđenje zaista dešava. Zapravo, što fiziolog dublje istražuje predmet, tim bliže dolazi do Praznine, koja je Subjektovo direktno iskustvo o sebi - Praznina koja je jedini Vidilac i Slušalac, jedini Eksperimentator. (Ne znači da on nikada, bez obzira na to koliko su savršeni njegovi instrumenti i tehnike, ne može da dođe do Subjekta istraživanjem objekta: da bi to učinio, jednostavno mora da okrene svoju pažnju za 180 °.) I to se savršeno slaže sa onim što stari Zen-učitelji kažu. "Telo," kaže nam Rinzai (d. 876), "ne zna da razgovara ili da sluša razgovor... Ovo što je jasno vidljivo tamo gde se nalazite, apsolutno prepoznatljivo, a ipak bez oblika - to je ono što sluša razgovor. "Kineski učitelj, zajedno sa Kabirom i drugima, parafrazira *Surangama Sutru* (pre-zenski indijski sveti spis), koja uči da je apsurdno pretpostaviti da vidimo očima ili da čujemo ušima: bilo kakvo iskustvo je moguće zato što su se oni stopili i nestali u apsolutnoj Praznini našeg "prvobitnog, sjajnog i magičnog Lica".

Još ranije, taoistički mudrac Čuang-tzu (oko 300. godine pre n.e.) opisuje predivnu sliku ovog mog bezličnog Lica ili moje prazne glave. On to naziva "Haos, Gospodar Središta", i suprotstavlja njegovu potpunu prazninu ovde sa onim poznatim glavama sa sedam otvora tamo napolju: "Nemir, bog Južnog okeana, i Briga, bog Severnog okeana, slučajno su se sreli u carstvu Haosa, boga Središta. Haos ih je veoma lepo primio i oni su se dogovarali šta mogu da učine kako bi mu se odužili za ljubaznost. Primetili su da, dok svi drugi imaju sedam otvora, za vid, sluh, jelo, disanje,

3. OTKRIVANJE ZENA

Haos ih nije imao. Zato su odlučili da naprave eksperiment i da izbuše rupe u njemu. Svakog dana, probušili su jednu rupu, a sedmog dana Haos je umro. " Bez obzira na to koliko se brinem i uznemiravam, i stalno pokušavam da ubijem Gospodara Središta, tako što ću mu nametnuti moje ljudske karakteristike, u vidu sedam ovora, nikada neću uspjeti. Maska tamo u ogledalu nikada ne može da dotakne moje Originalno Lice ovde, a kamoli da Ga izobliči. Senka ne može pasti na Haos, na neuništivog i večnog Kralja.

✶✶✶✶✶✶

Ali čemu svo to naglašavanje nestanka lica i glave, a ne tela kao celine? Odgovor je očigledan i ljudi mogu da ga vide. (Krokodili i rakovi bi imali drugačiju priču!) Za mene, ovde, lice sa njegovim čulnim organima sasvim je posebno po tome što je *uvek* odsutno, uvek apsorbovano u ovu ogromnu Prazninu, koja sam ja; dok su trup i ruke i noge ponekad isto tako apsorbovane, a ponekad nisu. Koliko trenutno praznina uključuje i isključuje nije važno: jer vidim da ostaje beskonačno prazna i beskrajno velika, bez obzira na obim ili važnost konačnih objekata o kojima se brine. Uopšte nije važno da li rastvara moju glavu (kao kada gledam dole), ili moje ljudsko telo (kao kada gledam napolje), ili moje Zemaljsko telo (kao kad, na otvorenom, gledam gore), ili moje telo Univerzuma (kao kada zatvorim oči). Sve što je tamo, bez obzira na to koliko je sićušno ili ogromno, ovde je podjednako rastvorljivo, podjednako u stanju da dođe i da mi pokaže da sam ja ništa (ne-stvar) ovde.

U literaturi, nalazimo mnogo elokventnih prikaza nestajanja čitavog tela. Citiram nekoliko primera.

Yengo (1566-1642) piše o zenu: "On postoji upravo pred vašim licem, i, u ovom trenutku, prenosi vam se cela stvar... Pogledajte u vaše celo biće ... Neka se vaše telo i um pretvore u nežive objekte prirode, kao što je kamen ili komad drveta; kada se dostigne stanje savršene nepokretnosti i nesvesnosti, svi znaci života će nestati i svaki trag ograničenja će iščeznuti. Nijedna misao nece uznemiravati vašu svest, i, gle! odjednom ćete spoznati svetlo puno radosti. To je kao da otkrivamo svetlost u gustoj tami; to je kao da dobijamo blago u siromaštvu. Četiri elementa i pet agregata (čitav vaš telesni sklop) više se ne osećaju kao teret; tako ste laki, tako slobodni. Samo vaše postojanje oslobođeno je svih ograničenja; postali ste otvoreni, lagani i transparentni. Stičete prosvetljujući uvid u samu prirodu stvari, koje vam se sada čine kao toliko bajkovitih cvetova koji nemaju shvatljivu realnost. Ovde se ispoljava jednostavno sopstvo koje je Izvorno Lice vašeg bića; ovde je prikazan očigledan najlepši pejzaž vašeg rodnog mesta. Postoji samo jedan direktan prolaz, otvoren i bez ikakvih prepreka. Tu predajete sve - vaše telo, vaš život i sve ono što pripada vašem najprisnijem ja. Tu stičete mir, lakoću, nečinjenje i neizrecivo zadovoljstvo. "

3. OTKRIVANJE ZENA

Karakterističnu lakoću, na koju se Yengo poziva, doživeo je taoista Lieh-tzu (oko 400. godine pre n.e.) u toj meri da se činilo da jaše na vetru. On ovako opisuje taj osećaj: "Unutrašnje i spoljašnje stopili su se u jedno. Posle toga, nije bilo razlike između oka i uha, uha i nosa, nosa i usta: svi su bili isti. Moj um je bio zamrznut. Moje telo se rastvorilo. Moje meso i kosti stopile su se u jedno. Bio sam potpuno nesvestan onoga na čemu se moje telo odmaralo, ili onoga što je bilo pod mojim nogama. Vetar me nosio levo-desno kao suvu slamku ili lišće koje pada sa drveta. Zapravo, nisam znao da li je vetar jahao na meni ili ja na vetru. "

Zen-učitelj iz 16-og veka, Han-sham, kaže da telo i srce prosvetljenog čovjeka uopšte ne postoje: oni su isti kao i apsolutna Praznina. Iz sopstvenog iskustva, on piše: „Šetao sam. Iznenada sam zastao, ispunjen spoznajom da nemam ni telo ni um. Sve što sam mogao da vidim bila je jedna velika svetla Celina - sveprisutna, savršena, jasna i spokojna. Bila je kao sveobuhvatno ogledalo odakle su se projektovale planine i reke zemlje ... Osjećao sam se čist i providan. "" Um i telo su otpali! ". uzviknuo je Dogen (1200-1253) u ekstazi oslobađanja. " Otpali! Otpali! Ovo stanje morate iskusiti svi vi. To je kao stavljanje voća u korpu bez dna. To je kao sipanje vode u posudu koja ima rupu. " „ Odjednom spoznate da su vaš um i telo nestali ", kaže Hakuin (1685-1768): "To je ono što se zove puštanje stiska. Kada ponovo dođete do daha, to je kao da pijete vodu i znate da je hladna. To je neizreciva radost. "

U našem sopstvenom veku, DT Suzuki sumira suštinu: „Za Zen, inkarnacija je ekskarnacija; meso je ne-meso; ovde-sada je isto što i praznina (sunyata) i beskonačnost. " Izvan Zena, nije lako naći izjave koje su tako jasne i tako oslobođene religioznosti, kao što je ova. Međutim, možete naći mnoge paralele u drugim tradicijama, kada znate šta tražite. To se može i očekivati: suštinska vizija mora da prevaziđe slučajnosti u istoriji i geografiji.

Neizbežno, najbliža paralela nalazi se u Indiji, originalnom domu budizma. Sankara (oko 820.), veliki mudrac i tumač Advaite ili apsolutne ne-dualnosti, podučavao je da se čovek ne može nadati oslobođenju dok ne prestane da se identifikuje sa telom, koje je obična iluzija nastala iz neznanja: njegovo stvarno Sopstvo je kao prostor, nevezan, čist, beskonačan. Brkati nerealno telo sa ovim pravim Sopstvom je ropstvo i patnja. Ova doktrina još uvek preživljava u Indiji. Jedan od njenih najlucidnijih savremenih predstavnika, Ramana Maharši(1879-1950), rekao bi tragaocima: "Do sada ste ozbiljno smatrali da ste telo i da imate oblik.To je primarno neznanje, koje je glavni uzrok svih nevolja. "

Ni hrišćanstvo (premda je, kako je to primetio nadbiskup Temple, najmaterijalističkije od velikih religija)

3. OTKRIVANJE ZENA

nije nesvesno činjenice da istinsko prosvjetljenje mora raspršiti tamnu netransparentnost naših tela ne manje od naših duša. "Kada je tvoje oko jedinstveno", rekao je Isus zagonetno, "i tvoje celo telo puno je svetlosti." Ovo jedinstveno oko sigurno je identično sa dragocenim Trećim Okom indijskog misticizma, što omogućava posmatraču da istovremeno gleda u svoju Prazninu i ono što je ispunjava. Isto važi, takođe, kao neprocjenjiv dragulj koji (prema istočnoj tradiciji) tražimo svuda, osim ovdje na našem čelu, gde ga svi nosimo.

Augustine Baker (1575-1641) piše o hrišćanskom misliocu: „Konačno, on dolazi do čiste i potpune apstrakcije; i onda izgleda kao da je sav duh i kao da nema telo ... Što je čistija i savršenija ta apstrakcija, tim je više čovek uzdignut do savršenstva. "Ovo je komentar na dobro poznati odlomak u *Oblaku neznanja,* mistično delo iz 14. veka, koji uči da je živa svesnost našeg nepostojanja preduslov čiste radosti: jer "svi ljudi imaju razloga za tugu: ali posebno on oseća stanje patnje da zna i oseća da jeste. Ali, naravno, ovo neophodno samo-potcenjivanje omiljena je tema svih hršćanskih mistika. Niko ne opisuje njegove dve strane jasnije od sv. Bernarda (1091-1153): „Nije samo ljudska radost ovako izgubiti sebe, tako da se ispraznimo od sebe kao da gotovo prestanemo da postojimo; to je blaženstvo neba ... Kako bi inače Bog mogao biti "sve u svemu", ako je išta od čoveka ostalo u čoveku? "

Ponekad na Zapadu, čak je i jezik mistika poput Zena po onome što opisuje. Gerlac Peterson (1378-1411), govori o "pokazivanju" koje je "tako žestoko i tako snažno da je čitav unutrašnji čovek - ne samo njegovo srce, već i njegovo telo - čudesno impresionirano i potreseno ... Njegov unutrašnji pogled postaje jasniji bez ikakve senke. "Njegovo duhovno oko širom je otvoreno. Umesto da ostane, kako kaže Šekspir,

> Potpuno nesvestan onoga u šta je potpuno uveren,
> Njegove staklaste suštine,
> - i stoga se ponaša kao besan majmun - on spoznaje njenu krajnju dubinu, jasnu suštinu Stvarnosti.

Sa pažnjom usmerenom na fizički svet, ne uspevamo da spoznamo njegovu istinsku prirodu. Pošto ne obraćamo pažnju na naše unutrašnje informacije, smatramo da su naša mala ljudska tela neprozirna i odvojena od našeg sveukupnog Tela, Univerzuma, koji stoga izgleda podjednako neprozirano i odvojeno. Neki od naših pesnika, međutim, nisu toliko obmanuti i zavedeni (takozvanim) zdravim razumom, već, umesto toga, prihvataju sve stvari i uživaju u njihovoj jasnoći. Rainer Maria Rilke pisao je o svom mrtvom prijatelju:

Jer ove, ove senovite doline i talasasta trava i potoci tekuće vode bili su njegovo lice, ali nisu prestajali sa rastvaranjem ljudskog lica i ljudskog tela: njegova

3. OTKRIVANJE ZENA

deklarisana misija bila je da nastavi i "učini zemlju na kojoj živimo, a time i univerzum, nevidljivom, i da je na taj način pretvori u viši nivo stvarnosti. Za Rilkea, ova sveprisutna Praznina, naše besmrtno lice, nema granica. Kao što sam Traherne kaže o sebi: Sam smisao bio je ja. U duši, nisam osetio nečistoću ni materiju, ni ivice, ni granice, kao što u posudi vidimo. Moja suština bila je kapacitet.

I, u još poznatijem odlomku: "Nikada potpuno ne uživate u svetu, sve dok samo more ne teče vašim venama, dok se ne obučete u nebesa i okrunite se zvezdama." To nije ništa drugo do Zen iskustvo satorija - samo se jezik malo razlikuje. U trenutku satorija, dešava se eksplozija, i čovek nema telo, već univerzum. "Oseća svoje telo i um, zemlju i nebo. Stapa se u jednu providnu celinu - čistu, živu i potpuno budnu", kaže učitelj Po Shan: :

Čitava zemlja samo je jedno od mojih očiju,
Samo iskra moje sjajne svetlosti.

U brojnim tekstovima, navodi se kako prosvetljeni čovek, kao čudom, obuhvata reke, planine, mora, čitav veliki svet, i sve ih svodi na Prazninu ovde, na ništa; i onda, iz te praznine, stvara reke, planine, mora, čitav veliki svet. Bez ikakve neprijatnosti, on proguta svu vodu u Zapadnoj reci i ponovo je izbaci. Prihvata i uklanja sve stvari, stvara sve stvari. On vidi svemir kao ništa drugo nego izlivanje njegove sopstvene duboke Prirode, koja sama po sebi ostaje čista, apsolutno providna. Sada se vraća sebi kakav zaista jeste: kao sama suština postojanja, iz kojeg se manifestuje celokupna egzistencija. Ukratko, on je oduševljen. Utemeljen na jedinstvenom Izvoru, on uzvikuje: "Ja sam Središte, ja sam Univerzum, ja sam Kreator!" (D.T. Suzuki) Ili: "Ja sam uzrok mog sopstva i svih stvari!" (Eckhart) U živopisanom jeziku zena, šugavi pas postao je zlatokosi lav koji riče u pustinji, spontan, slobodan, energičan, veličanstveno samodovoljan i sam. Napokon kod kuće, ne nalazi mesta za dvoje. Naš sopstveni Traherne još jednom podseća na istočnjačke učitelje kada uzvikuje: "Ulice su bile moje, hram je bio moj, ljudi su bili moji, njihova odjeća, zlato i srebro bili su moji, kao i njihove blistave oči, lepa koža i rumena lica. Nebo je bilo moje, kao i sunce, mesec i zvezde, i čitav svet bio je moj: a ja jedini posmarač i uživalac. "

✹✹✹✹✹✹

*Ono što ja nazivam savršenstvom viđenja
nije viđenje drugih, već sebe.*

CHAUANG -TZU (3. v. pre. n.e.)

Videti Ništavilo - to je istinsko viđenje, večno viđenje.

SHEN-HUI (8. v.)

*Onaj koji zna da je Duh, postaje Duh, postaje sve;
ni bogovi ni ljudi ne mogu da ga spreče ...
Bogovi ne vole ljude koji steknu ovo znanje ...
Bogovi vole tamu i mrze očigledno.*

BRIHADARANYAKA UPANISHAD (7. v. pre. n.e.)

*Budale odbacuju ono što vide, a ne ono što
misle; mudri odbacuju ono što misle, a ne ono
što vide... Posmatrajte stvari onakve kakve
jesu i ne obraćajte pažnju na druge ljude.*

HUANG-PO (9. v.)

Onome koji ništa ne zna, Ono se jasno otkriva.

MEISTER ECKHART (1260-1327)

I šta mislite kog pravila sam se pridržavao? Zaista čudnog pravila, ali najboljeg na svetu. Vodila me je implicitna vera u Božju dobrotu; i stoga sam se posvetio proučavanju najočiglednijih i najjednostavnijih stvari.

THOMAS TRAHERNE (1627-1674)

Onaj ko sumnja u ono što vidi Nikada neće verovati, uradite kako vam drago.

WILLIAM BLAKE (1757-1827)

Izgled stvari koje su nam najvažnije skriven je zbog njihove jednostavnosti i bliskosti.

LUDWIG WITTGENSTEIN (1889-1951)

To je to. Nema skrivenih značenja. Sve te mistične stvari upravo su ono što jeste.

WERNER ERHARD (1935-)

Ukradeno pismo, u priči Edgar-a Alan-a Poe-a (1845.), "nije uočeno zato što je bilo popuno vidljivo." Zlikovac je položio pismo pod samim nosem celog sveta, i tako na najbolji način sprečio da ga bilo ko primeti.

4

AŽURIRANJE PRIČE

Osam Faza Bezglavog Puta

Prošlo je više od četrdeset godina od iznenadnog prvog "himalajskog" iskustva, i više od dvadeset godina otkada je prethodno pomenuti opis prvi put objavljen. Bile su to ispunjene godine - vreme mnogih iznenađenja i ponekih šokova - tokom kojih se iskustvo samo od sebe pretvorilo u Put (Bezglavi Put je dobar naziv za njega, kao i bilo koji drugi), i mnogo toga se čulo o tom Putu – njegovim krivinama i okretanjima i saobraćajnom toku i blokadama saobraćaja, njegovoj opštoj praktičnosti. Mapa svega toga, od samog početka (davno pre "himalajske vizije"), odavno je zastarela.

Ovo zaključno poglavlje bavi se takvom mapom. Naravno, ona predstavlja samo jednu od bezbrojnih varijacija na tom arhetipskom Putu koji vodi (po rečima *Brihadaranyaka Upanishad-e*) „od nestvarnog do Realnog, iz tame u Svetlost, od smrti do Besmrtnosti". Tu i tamo, poravnava se i stapa se sa Putem Zena; na drugim mestima, ide svojim putem. Ako se čini jednostavnijim i lakšim od drevnog puta i Puta Dalekog istoka, to je zato što

4. AŽURIRANJE PRIČE

nas vodi kroz poznati pejzaž savremene zapadne kulture, a ne zato što je kraći ili udobniji. Nije. Naravno, naša detaljna maršruta neće odgovarati svim putnicima sa Zapada. Osim prve tri faze (kroz koje svi prolazimo), naša mapa je - mora biti - oblikovana prema autorovoj sopstvenoj ruti. U kojoj meri se ona poklapa sa čitaočevom, neka čitalac sam odredi. Moraju postojati odstupanja, čak i velika. Ali, barem će prve faze naše šeme-karte pokazati dokle je on već stigao, a kasnije faze daće mu neku predstavu o tome koja faza je sledeća - orijentire i mesta za postavljanje, sporedne koloseke i zamke, na koje će verovatno naići – ako bude u potrazi za Bezglavim Putem.

Svi Putevi mogu se podeliti na više ili manje proizvoljne i često slične faze. Ovde, razlikujemo osam: (1) Beba bez glave, (2) Dete, (3) Odrasla osoba sa glavom, (4) Posmarač bez glave, (5) Praktikovanje Bezglavosti, (6) Usavršavanje, (7)) Prepreka, (8) Proboj.

(1) Beba bez glave

Kao dete, bili ste kao bilo koja životinja: po tome što ste bili za sebe bez glave i bez lica i bez očiju, ogromni, slobodni, neodvojivi od vašeg sveta - a da niste bili svesni vašeg blagoslovenog stanja. Nesvesno, živeli ste bez ometanja od strane onoga Što ste Gde ste, iz vašeg Izvora, i oslanjali ste se jednostavno na ono što se moglo videti. Ono što vam je predstavljeno zaista je bilo *prisutno* - Mesec nije bio veći ni dalje od ruke koja ga je hvatala. Vaš svet bio je zaista *vaš* svet - distanca, taj najuvjerljiviji i najlakomiji od potajnih lopova, nije počela da ti ga krade. Očigledno je zaista bilo *očigledno* - zvečka koju ste izgubili iz vida više nije postojala: nestanak je značio uništenje. Niste polagali pravo na to lice u vašem ogledalu. Ostalo je tamo: bilo je to lice te bebe, a ne vaše.

(2) Dete

Postepeno, naučili ste sudbonosnu i osnovnu umetnost izlaženja i gledanja unazad ka sebi, kao da ste udaljeni nekoliko koraka i kroz oči drugih, i "viđenja" sebe sa njihove tačke gledišta kao ljudskog bića poput njih, sa normalnom glavom na vašim ramenima. Normalnom, ali jedinstvenom. Naučili ste da se identifikujete sa tim posebnim licem u ogledalu i da se odazivate na njegovo ime. Ipak, ostali ste *za sebe* slobodni, bezglavi, bezgranični Prostor da se vaš svet u njemu dešava. U stvari, verovatno ste, ponekad, bili potpuno sveni tog Prostora. (Dete često ume da pita zašto drugi imaju glave, a ono nema, ili da tvrdi da je ono ništa, da nije prisutno, da je nevidljivo. Kada su ga zamolili da, na proslavi njegovog trećeg rođendana, pokaže razne tetke i ujke, Carlos je tačno pokazao jednog za drugim. Onda ga je neko pitao gdje je Carlos. Mahao je rukama besciljno: Carlos nije mogao pronađe Carlosa. Drugom prilikom, kada je prekoren zbog

4. AŽURIRANJE PRIČE

toga što je bio nestašan, nije se bunio protiv toga da ga nazivaju *nestašnim*, ali je tvrdio da nije dečak. Ubrzo posle toga, otišao je kod bake i rekao joj da *jeste* dečak!)

U ovoj fazi, blizu ste snalaženju u oba sveta - neograničenog ne-ljudskog sveta, iz kojeg dolazite, i ograničenog ljudskog sveta, u koji ulazite. Ukratko rečeno, zapravo, imate *dva* identiteta, vaše dve verzije. Privatno, vi ste još uvek ništa (ne-stvar), prostrani, neizmerni, i širite se sve do zvezda (iako su sada daleko, vi lako možete da ih obuhvatite: one su još uvek *vaše* zvezde): dok ste u društvu sve više suprotno od svega toga. Ako mi odrasli moramo da postanemo kao mala deca da bismo ušli u Carstvo Nebesko, učinićemo to kao mala deca tog srećnog doba (do pet godina, recimo) - mališani koji su za sebe veliki, koji su još uvek beskrajni, zapravo odrasliji od takozvanih odraslih.

(3) Odrasla osoba sa glavom

Ljudi se, međutim, razvijaju zapanjujuće različitom brzinom. Poppy se već kao dvogodišnjakinja posvetila posmatranju sebe u ogledalu. Sa dve godine i tri meseca, kada joj je njena majka (smatram nesmotreno) sugerisala da možda nema lica ili da je samo praznina na bližoj strani ogledala - baš tamo gde je bila - odgovorila je: "Ne pričaj o tome, to me plaši!" Izgleda da, od najranijeg doba, naš naučeni pogled spolja na nas počinje da dominira, da se nameće, i konačno, da potpuno sakriva naš prvobitni pogled na nas iznutra. Razvijali smo se na dole, a ne na gore. Umesto da budemo prisutni i zajedno sa zvezdama - i svim stvarima pod zvezdama - smanjili smo se i povukli se od njih. Umesto da sadržimo naš svet, on sada sadrži nas - ono što je ostalo od nas. I tako, pošto smo, od toga da budemo čitav prizor, svedeni na ovaj mali deo, da li je čudno što se vi i ja nalazimo u svim mogućim nevoljama - što postajemo pohlepni, ogorčeni, otuđeni, uplašeni, poraženi, umorni, kruti, skloni imitiranju a ne kreativnosti, neljubazni, jednostavno ludi? Ili, detaljnije:

Pohlepni - dok pokušavamo da povratimo i akumuliramo po svaku cenu što je moguće više naše izgubljene imperije,

Ogorčeni ili agresivni - dok nastojimo da se osvetimo društvenom poretku koji je okrutno smanjio našu veličinu,

Otuđeni, usamljeni, sumnjičavi - zato što morbidno zamišljamo da ljudi, pa čak i životinje i nežive stvari, zadržavaju distancu prema nama, izdvojeni smo i nepristupačni: i odbijamo da vidimo kako se ta udaljenost svodi na ništa, tako da su, u stvarnosti, oni upravo ovde sa nama, naši bliski drugovi i prijatelji, bliže nego blizu,

Uplašeni - pošto vidimo sebe kao stvari, na milost i protiv svih drugih stvari,

Poraženi - jer rad za ovo individualno nešto, neizbežno vodi u neuspeh: verovatni kraj čak i naših „najuspešnijih" poduhvata je razočaranje, siguran kraj je smrt,

4. AŽURIRANJE PRIČE

Umorni - jer izgradnja i održavanje i konstantno prilagođavanje ove imaginarne kutije za život, upravo ovde, troši tako mnogo energije,

Ukočeni, usiljeni, neprirodni, lažni - zato što živimo iz laži, i to iz nespretne, nefleksibilne, predvidive, sitne, ograničavajuće laži,

Nekreativni - zato što smo se odvojili od našeg Izvora i Središta i vidimo sebe kao puku regionalnu posledicu,

Neljubazni - zato što smo isključili sve ostale iz prostora koji zamišljamo da zauzimamo, i pretvaramo se da nismo sazdani otvoreni, i da nismo stvoreni za ljubav,

Ludi - zato što "vidimo" stvari koje nisu prisutne, i zapravo vjerujemo (suprontno od svih dokaza) da smo na 0 metara onakvi kakvi izgledamo na 2 metra - čvrsta, neprozirna, obojena, ograničena gomila stvari. Kako naš život i naš svet mogu ostati zdravi, ako je njihovo središte nezdravo?

U onoj mjeri u kojoj ne patimo od tih višestrukih hendikepa, ostajemo "mala deca u srcu" u Fazi (2), bez glave, providni, bezbrižni, i više ili manje nesvesno u kontaktu sa istinom o tome šta smo. Ili smo eventualno već prešli u mnogo kasniju fazu. U svakom slučaju, osnovni razlog zbog kojeg tako mnogo nas funkcioniše, a ne razboljeva se hronično i nije potpuno poludelo, jednostavan je i ohrabrujući. Ako smo, u našem svakodnevnom životu, veoma često osećajni, ljubazni, velikodušni, ispunjeni smehom, pa čak i srećni, to je zato što smo svi mi - u bilo kojoj fazi da se nalazimo – ukorenjeni i živimo iz našeg zajedničkog Izvora i središnjeg Savršenstva, iz jedne iste Bezglavosti, ili Prvobitnog Lica ili Transparentnosti ili Svesnog Ništavila. Sve vreme, potpuno smo prosvetljeni jednom istom Unutrašnjom Svetlošću, bez obzira na to da li dopuštamo da sija ili ne. Naša sreća je duboko ukorenjena i stvarna, dok je naša patnja plitko ukorenjena i nestvarna, proizašla iz zablude, iz neznanja. Patimo, zato što previđamo činjenicu da smo, u suštini, dobro.

To pokreće pitanje: da li je Faza (3) - ova deonica puta tako popločana patnjom zasnovanom na zabludama - samo velika greška, nepotrebna petlja koja se može i treba zaobići? Da li je moguće skočiti - uz pomoć prosvetljenih roditelja i učitelja - iz detinjstva Faze (2) u pravu zrelost ili viđenje iz kasnijih faza, i tako izbeći najgoru od nevolja koje smo upravo naveli? Drugim rečima, može li neko da postane punopravni član ovog kluba nazvanog Ljudsko društvo, i da uživa u njegovim neprocjenjivim privilegijama i pogodnostima, ali da nikada ne prihvati laž na kojoj počiva, a da se nikada ne uključi u neprestanu igru Lica tog kluba,* da nikada ne postane *kao oni*? Rilke,

---

* I*Igra lica (The Face Game)* (D.E. Hardinga, u *Biltenu transakcione analize*, april, 1967. godine) upoređuje bezbrojne i često beznadežne "igre koje ljudi igraju" sa granama koje se razvijaju iz ove Igre nad igrama. Ako ih odsečete tu i tamo, samo ćete im omogućiti da narastu još bujnije negde drugde. Da biste se rešili svih njih i postali slobodni od igara, odvojite roditeljsko stablo, koje je pretvaranje da je ovde neko ko igra igre - osoba (*persona*, maska), lice upravo ovde gde sam ja, koje se suočava sa vašim licem tamo, licem u lice,

4. AŽURIRANJE PRIČE

kada je pisao o bolnom događaju iz djetinjstva, nije bio optimista. „A onda se dogodilo najgore. Uhvatili su ga za ruku i odvukli prema stolu; i svi oni koji su tamo prisutni, okupili su se radoznalo ispred lampe. Oni su u povoljnijem položaju; ostali su u senci, dok na njega pada, sa svetlom, *sva sramota što ima lice*. Hoće li ostati i pretvarati se da živi onakav život koji mu pripisuju, i postati kao oni…? " †

Pitanje koje mi postavljamo je da li možemo da odbijemo te imaginarne ukrase *(mot juste)*, te sramne i (u onoj meri u kojoj oni "prihvataju") zloćudne izrasline koje je društvo odlučilo da usadi i neguje upravo ovde na našim ramenima - i sve ono što te izrasline podrazumevaju?

Odgovor je: u praksi, Ne. Nema odustajanja, nema prečice. Moramo preuzeti taj teret i putovati tom dugom petljom na putu. Istina je da neki odbijaju da to učine, i nikada ne vide sebe iz daljine kao druga ili treća lica. Nešto slično kao stariji brat u priči o Sinu Rasipniku, oni ostaju kod Kuće u prvom licu jednine, u sadašnjem vremenu, u svoj nevinosti.

To nije država kojoj treba zavideti. Nesposobni da shvate i sagledaju kako ih drugi vide, obeleženi su kao "retardirani" ili još gore, skloni su da se ponašaju u skladu sa tim i da traže institucionalnu negu. U stvari, ne postoji partner prema partneru, u skladnom odnosu (i stoga u odnosu igranja igara).

† *Sveske Malte Laurids Brigge*, prev. John Linton, Hogarth, London, 1959. Kurziv nije u originalu.

put od Raja djetinjstva do Neba blagoslovenog koji ne vodi kroz Daleku zemlju, kroz neku vrstu Pakla ili barem Čistilišta. Da bismo zaista prevazišli našu tvrdoglavost, da bismo napustili naš lični i izdvojeni ego (i tako dospeli do kasnijih faza našeg putovanja) u ovoj fazi, moramo biti plaćeni članovi društva koje je posvećeno njihovom negovanju: kao mala djeca, naša egocentričnost je još suviše plitka, suviše neefikasna i promenljiva i iskrena, premalo naša, da bismo odustali. Da bismo stvarno izgubili glavu, prvo mora biti čvrsto postavljena na mesto. Da bismo zaista shvatili ono Što jesmo, jasno i uverljivo, prvo se moramo identifikovati sa onim što nismo. Da bismo zaista cenili ono što je potpuno očigledno, prvo moramo da steknemo naviku da to previdimo i poričemo. Univerzum je takav da se istinsko oslobađenje ne događa *in vacuo;* to je oslobađenje od onoga što je lažno - bez čega to uopšte nije oslobađenje. Tako se događa da naša lista nevolja - koja je, nažalost, daleko od potpune priče o patnji - nije baš u svemu patnja. Ona je preduslov slobode koja se ne može steći na drugi način. Ona uveliko i suštinski doprinosi toj spoznaji – tom ponovnom otkrivanju očiglednog - koja je na kraju prevazilazi, koja je lek za nju, uopšte i potpuno. Ona je u osnovi tog vrhunskog blaženstva, koje se (kao što ćemo videti) može naći na kraju našeg putovanja. U međuvremenu, naši problemi svakako pružaju najjače motive za pritisak. Ko bi želeo da se zadrži

4. AŽURIRANJE PRIČE

duže nego što je potrebno u ovom bolnom regionu? I ko ne bi želeo da nastavi, pošto je već ostvario takav napredak na Putu - posebno kada je naša sledeća faza daleko najlakša i najjednostavnija od svih njih?

(4) Posmarač bez glave
Sve što treba da uradite da biste ušli u ovu Četvrtu Fazu putovanja jeste da - ma koliko kratko - obrnete smer vaše pažnje. U *Katha Upanishad*-i piše: "Bog je stvorio čula da budu usmerena prema spolja, stoga čovek gleda prema spolja, a ne u sebe. Ali, povremeno, neka hrabra duša, koja želi besmrtnost, pogledala bi unazad i našla sebe." U stvari, „smeloj duši"ne nedostaje ohrabrenje. Okružena je bezbrojnim podsetnicima i prilikama, bezbrojnim načinima da preusmeri smer pažnje - samo ako je dovoljno znatiželjna u vezi sa svojim pravim identitetom, i *samo ako je spremna da na trenutak odbaci mišljenje o sebi, zasnovano na glasinama i sećanju i mašti, i da se osloni na* ONO ŠTO JE OČIGLEDNO.

Od mnogih načina da se napravi preokret, evo tri da ih pažljivi i pošteni čitalac odmah isproba:

(i) Ono *što* sada posmatrate je ovaj tekst; ono *iz čega* sada posmatrate je prazan Prostor za ovaj tekst. Kada zamenite vašu glavu njime, ne stavljate ništa na njegov put: nestajete u njegovu korist.

(ii) Ono iz čega sada gledate nisu dva mala i čvrsto pričvršćena „prozora" koje nazivamo oči, već ogroman i široko otvoren „Prozor" bez ikakvih ivica; u stvari, vi ste taj "Prozor"bez okvira, bez stakla.

(iii) Da biste bili sasvim sigurni u to, dovoljno je da samo pokažete prstom „Prozor" i obratite pažnju na ono što prst pokazuje - ako pokazuje bilo šta. Molim vas učinite to, sada...

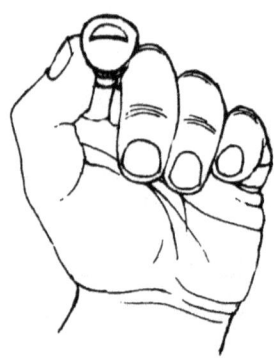

Nasuprot prvom utisku, ispostavlja se, bez sumnje, da svesna bezglavost ili transparentnost - to gledanje u Ništavilo-upravo-gde-jeste - ima nekoliko jedinstvenih vrlina. *Ne postoji nijedno iskustvo kao što je ona.* Evo samo pet njenih specifičnosti - ne da bi čitalac poverovao, već da bi proverio:

Prvo, iako se vekovima smatralo da je ovaj pogled unutra najteža stvar na svetu, ispostavlja se da je to, zapravo, najlakša stvar. Ovaj pobožan trik za samopouzdanje prihvatilo je bezbroj ozbiljnih tragača. To bogatsvo nad

4. AŽURIRANJE PRIČE

bogatstvima, koje su tražili do iznemoglosti, u stvari, najpristupačniji je, najizloženiji i najočigledniji od svih pronalazaka, osvetljen i vidljiv sve vreme. Budin opis Nirvane, u Pali Kanonu, kao „vidljivoj u ovom životu, privlačnoj, atraktivnoj, pristupačnoj", potpuno je istinit i ima savršen smisao. Isto važi i za tvrdnju Učitelja Ummona da je *prvi* korak na putu Zena da steknemo uvid u našu Praznu Prirodu: oslobađanje od naše loše karme dolazi posle - ne pre - tog viđenja. Isto važi i za insistiranje Ramana Maharishi-ja da je lakše da vidimo Šta i Ko smo zaista, nego da vidimo "ogrozd na dlanu naše ruke" – i time ovaj indijski mudrac potvrđuje učenje Zena. Sve to znači da ne postoje preduslovi za ovo suštinsko gledanje unutra. Čoveku je njegova Priroda uvek jasno vidljiva, i neverovatno je kako se neko može pretvarati da je drugačije. Dostupna je sada, baš kao što čovek jeste, i ne zahteva od posmatrača da bude pobožan, ili vešt, ili pametan, ili poseban na bilo koji način. Baš suprotno! Kakva je to sjajna prednost i prilika!

Drugo, samo ovo viđenje je pravo. Ne može se praktikovati pogrešno, i potpuno je nepogrešivo. Pogledajte i vidite da li je moguće biti *više ili manje* bezglav, videti delimično ili nejasno Prazninu u kojoj se nalazite. To viđenje *Subjekta* savršeno je iskustvo sve-ili-ništa. U poređenju sa njim, viđenje *objekata* (kao što je ova stranica prekrivena crnim slovima, i ruku koje je drže, i njihove pozadine) puko je gledanje: veliki deo prizora se propušta, uopšte se ne registruje. Pogled napolje nikada nije jasan, pogled unutra nikada nije zamagljen - kao što Chuang-tzu i Shen-hui nagoveštavaju u citatima koji prethode ovom poglavlju. *Treće*, ovo viđenje ide duboko. Ispostavlja se da je najjasniji i najudaljeniji pogled *napolje* površan - pogled niz slepu ulicu - u poređenju sa pogledom *unutra,* sa bezglavošću, koja se jednostavno dešava stalno. Mogli bismo ga opisati kao da prodire u najskrivenije dubine naše svesne Prirode, i iza njih do Bezdana izvan same svesti, čak izvan egzistencije. Međutim, to je zaista isuviše komplikovano i opširno. Kakav prizor transparentnosti se pojavljuje spolja - ili bolje rečeno, *unutra* - kada se usudimo da pokažemo, u svoj jednostavnosti, Mesto koje, navodno, zauzimamo! Samopotvrđujući i samodovoljan, prkosi opisu, jer nudi Ništa za opisivanje. Ono što je vidljivo jeste Posmatrač i njegovo viđenje, i on se ne dvoumi u vezi sa tim odakle dolazi. Evo iskustva koje je jedinstveno neposredno, duboko i očigledno. Ubedljivo je, kao ništa drugo."Više nema potrebe da verujemo", kaže Sufi Al Alawi, "kada *vidimo* Istinu."

Četvrto, ovo iskustvo je lako prenosivo, jer je potpuno isto za sve - za Budu, za Isusa, za Shen-hui-ja, za Al-

4. AŽURIRANJE PRIČE

Alawi-ja, za vas i za mene. To je potpuno prirodno, pošto u njemu nema ničega po čemu bismo se razlikovali, ničega što ne bi uspelo, ničega individualnog niti samo ličnog i privatnog. U bezglavosti, konačno nalazimo zajedničku Osnovu. Kako je to drugačije od svih drugih iskustava koja je tako teško podeliti! Koliko god životopisno opisivali i pokušavali da pokažete svom sagovorniku vaš uvid i misli i osećanja, nikada ne možete biti sigurni da uživa u istoj stvari. (Vi i on se slažete da označite da je cvet crven, lep, zanimljiv i tako dalje; međutim, unutrašnje iskustvo na koje se oznaka odnosi, u suštini je privatna. Ne možete je preneti nekom drugom. Vaše stvarno iskustvo crvenog, na primer, može biti njegovo iskustvo ružičastog, ili čak plavog.) Ali, ako obrnemo smer pažnje, odmah ulazimo u carstvo Sigurnosti. Ovde, i samo ovde, na nivou onoga što se spoznaje da je naše bezlično Lice i prava Priroda, savršena je komunikacija, trajan dogovor, bez mogućnosti nesporazuma. Ovaj sporazum ne može biti precenjen, jer je to najdublja saglasnost o onome Šta smo mi i sva bića *zaista*. Na osnovu te osnovne saglasnosti, možemo dozvoliti sebi da se u bilo kojoj meri razlikujemo u vezi sa tim šta *izgleda* da jesmo, u vezi sa pojavama.

U principu, onda, ovo osnovno iskustvo može se preneti svakome ko to želi, bez i najmanjeg gubitka ili izobličavanja. Međutim, u praksi, potrebni su odgovarajući načini prenosa. Srećom, oni su nadohvat ruke. Sto posto su efikasni i obavljaju svoj posao za nekoliko sekundi. Oni uključuju kažiprst i jedno oko, koje smo već koristili ovde. Takođe, autor i njegovi prijatelji smislili su u poslednjih dvadeset godina niz drugih - neki od njih oslanjaju se ne samo na viđenje, već i na druga čula, mnogi od njih uključuju čitavo telo, i praktično svi su pogodni za rad sa grupama bilo koje veličine. (Za detalje, pogledajte posljednje tri knjige navedene na početku ove knjige, kao i Postskript na kraju.) Takvo mnoštvo vrata u našu istinsku Prirodu ima višestruku korist - različite kapije za različite temperamente, okolnosti, kulture i epohe - ali je, ipak, sporedno. Prikladno je imati izbor vrata za naš Dom, ali - kada ste unutra – zar je važno kroz koja vrata ste ušli? Bilo koji ulaz - u mesto koje, zapravo, nikada ne možemo napustiti - dobar je ulaz. Nema ograničenja za njih.

Peto i poslednje, viđenje sopstvenog Ništavila uvek je na raspolaganju, bez obzira na raspoloženje, šta god da radite, koliko god da ste uznemireni ili smireni u tom trenutku - u stvari, kad god vam je potrebno. Za razliku od misli i osećanja (čak i „najčistijih" ili „najduhovnijih"), ono je trenutno dostupno, kada samo pogledate unutra i ne nalazite glavu ovde.

Ispitali smo pet neprocenjivih vrlina ovog jednostavnog unutrašnjeg viđenja, i ustanovili smo da je potpuno jednostavno, sasvim sigurno, dublje od dubokog, lako prenosivo, uvek na raspolaganju. Ali tu je i druga strana

4. AŽURIRANJE PRIČE

ovog sjajnog novčića, čitav niz nedostataka ili prepreka, ako hoćete, koje su pokazala iskustva u poslednjih dvadeset godina.

Neki od tih očiglednih nedostataka proizlaze iz samih prednosti ovog unutrašnjeg viđenja. Na primer, samo zato što je tako očigledno i lako, tako dostupno na zahtev i prirodno i obično, tragično je lako podceniti ga, čak i olako ga odbaciti kao potpuno beznačajnog. Zapravo, njegova ogromna dubina i duhovna moć gotovo uvek su zanemareni, barem na početku. Kako, pitaju neki, može tako jeftina spoznaja (u suštini oslobođena od poreza) vredeti mnogo? Kako došlo, tako prošlo. Kakav duhovni rad smo uložili, kako bismo stekli bilo kakav vredan dar? Osim toga, ova najjeftinija spoznaja dolazi do nas bez ikakvih mističnih uverenja, bez potvrde o eksploziji kosmičke svesti, bez ekstaze. Upravo suprotno, neuporedivo je niska, a ne visoka; dolina, a ne jedno od onih poznatih vrhunskih iskustava. Šta je "himalajsko" u vezi sa njom, zapravo? Zaista je pogrešno da se početak ove knjige postavi u tim planinama, sa svim njihovim uzvišenim duhovnim asocijacijama, čime se zamagljuje suštinska poniznost i uobičajenost onoga što se tamo desilo. Viđenje pravog Lica, u svoj njegovoj jednostavnoj otvorenosti, isto tako je lako u saobraćajnoj gužvi ili u javnom kupatilu, i mnogo manje je verovatno da će biti pobrkano sa bilo kakvim postignućem. I, u svakom slučaju, stvarno iskustvo - za razliku od njegovog okruženja, bilo da je veličanstveno ili sumorno - ne može se čuvati i povremeno izvući radi uvida, uopšte se ne može pamtiti. To je SADA, ili nikada. Može se naći samo u Bezvremenoj Zoni. ‡ Ono što ste vi nema, niti mu je potrebno, bilo koje vreme da bi postalo bilo šta.

Nije čudno, onda, da je videti To (što nije ništa drugo nego svesno biti To) tako očigledno i jednostavno, pa čak i sumorno iskustvo.

Činjenica da se pojavljuje kao "nereligiozno" i "lišeno emocija", kao "hladni naučni dokaz ili realno stanje", kao "prozaično i nesavršeno", dokaz je njegove autentičnosti. „Ovde nema ničega obojenog svetlim bojama; sve je sivo i krajnje nenametljivo i neprivlačno. "Takvi su ravnodušni komentari, koje prvo viđenje Ništavila može izazvati i sa dobrim razlogom. (Naši citati su, zapravo, od poznatog Zen stručnjaka, D.T. Suzukija, a on opisuje satori, koji je isto viđenje našeg pravog Lica ili Prazne Prirode.) Što se tiče naše zasluge za to viđenje, ili, na neki način, za postizanje onoga Što otkriva, ta zamisao je besmislica; jer to je viđenje onoga Što mi jesmo i Što

‡ Da biste proverili gde se nalazi ta Zona, pročitajte vreme koje pokazje vaš sat na vašem ručnom zglobu i nastavite da ga posmatrate dok polako približavate sat sve do vašeg oka - do mesta gde ne pokazuje vreme, do mesta gde ništa ne ostaje da bude promenjeno i da pokazuje vreme, do mesta gde niko ne ostaje da se rodi ili umre ili da se probudi ili da zaspi, do mesta "istinskog viđenja, večnog viđenja." Ukratko, do mesta gdje ste vi zaista VI, i zauvek kod Kuće. (To može da učini čitanje uzbudljivim, ali ostaje samo zamisao - osim ako se naš mali eksperiment *ne praktikuje zaista* u duhu koji vrednuje Očigledno još više kada je apsurdno očigledno!)

4. AŽURIRANJE PRIČE

sva bića jesu večno, viđenje Bezvremene Zone iz koje svi živimo, bez obzira na zasluge i nezavisno od svih mističnih milosti - ili njihovog pomanjkanja.

Istina je da takvi "nedostaci" ili "poteškoće" - naročito prividna plitkost tog untrašnjeg viđenja - nisu toliko nedostaci, već početne zablude, koje se brzo razjašnjavaju. Stvarna "poteškoća" je sasvim drugačija i čini se izuzetno ozbiljna. Naime, iskustvo velike većine ljudi kojima je pokazano, koji su ukratko podstaknuti da pogledaju unutar sebe i spoznaju svoju bezglavost na način koji smo naveli (a njihov broj sada prevazilazi 5-cifrenu brojku), uglavnom se svodi samo na to. Za njih (ako je uopšte zanimljivo), to je nešto više od interesantne avanture, neobičan način gledanja na stvari; ili samo dobra zabava, prijatna vrsta dječije igre, i u svakom slučaju, beznačajna u svakodnevnom životu. Ono nije za produžavanje ili ponavljanje ili proučavanje, a pogotovo ne za praktikovanje. Tako da, *praktično, nema nikakvog efekta* .

Zašto ovo skoro opšte odbijanje da ozbiljno shvatimo ono što je, uveravaju nas stručnjaci, najbolja vest, koja ima ogromne praktične posledice? U slučaju veselo nezainteresovanih i samozadovoljnih ljudi, zaglavljenih sa njihovim neistraženim uverenjima i ciljevima, odgovor je očigledan. Koja je mogućnost da uznemirite sve to? (I kakvu potrebu ili pravo imamo da pokušamo tako nešto?

Na kraju krajeva, u svakome je skriven Onaj ko zna samo ono što se može i ono što se ne može korisno asimilirati u ovom trenutku, i ko je već i zauvek to Prosvetljenje, ta unutrašnja Svetlost, iz koje svi žive.) U slučaju iskrenih tragača, odgovor je samo malo manje očigledan: ko bi od nas želeo da postane pronalazač, sve dok naša potraga tako smisleno - tako plemenito! - strukturira naše vreme i sprečava dosadu, i sve dok god Ništa – koje je, neki kažu, na kraju našeg traganja- izgleda, na ovoj sigurnoj udaljenosti, mnogo više kao otkrivena pretnja nego prikriveno obećanje? Ne, mi imamo sve razloge da ostanemo skromni tragači! Mi *nismo* prosvetljeni! Činjenica je da se u svima nama skriva egzistencijalni strah, snažan i potpuno prirodan otpor prema onome što – naizgled - predstavlja iznenadnu smrt i uništenje. Sav taj dugotrajni i često agonijski napor, podstaknut različitim vrstama društvenog pritiska, da se prekrije praznina u sebi i da se na njoj izgradi neko upravo ovde, lice koje pripada nekome (umesto svima drugima), posebna ličnost nečije sopstvene ličnosti, stabilan karakter koji se podudara sa onima oko nas - i sada (Bog nam pomogao!) izložen je ne samo kao oronula kula od karata, nego (u onoj mjeri u kojoj uopšte stoji)) i kao uzrok naših nevolja! Ovo je zaista loša vest, a posebno za one koji izgleda da napreduju na zaovoljavajući način kroz ovu "dolinu stvaranja duše". Temelj celokupne industrije za lični razvoj uništen je jednostavnim činom

4. AŽURIRANJE PRIČE

unutrašnjeg viđenja. Nije ni čudo što su neki ljudi vidno uznemireni - zbunjeni, uvređeni, uplašeni, revoltirani, ljuti, povremeno nasilni - kada su pozvani da pogledaju unutra, i odmah se postide od užasa. Nije to samo užas odraslih i društveno izazvan užas: pogledajte slučaj Poppy, koja se već sa 2¼ godine plašila svoje Praznine. .[§] Pravo čudo je da bilo ko od nas - uprkos svim unutrašnjim otporima i spoljašnjim obeshrabrenjima - prihvata i spoznaje do kraja dejstvo rušenja. Uvek je to bila mala manjina koja ima ovaj nagon, a njihov broj pokazuje nekoliko znakova da ubrzano raste. Jesu li oni naivci koji, dok ostaju u kontaktu sa svojim detinjstvom bez lica, nikada potpuno ne odrastu; ili su, nažalost, nedorasli, koje je život tako povredio da bi neka vrsta smrti izgledala kao olakšanje; ili kolebljivci, za koje su naš jezik i uverenja - a posebno verska – nesiguran i neadekvatan sistem odbrane od onoga u šta se ne može sumnjati, odnosno, od naše istinske prirode; ili radoznali, tako zavisno od samospoznaje da nijedna cena nije previsoka da bi se za to platila; ili samo nedostojni primaoci božanske milosti? Ili neka kombinacija tih tipova? Kada razmotri svoj slučaj, čitalac ima dosta mogućnosti da bira.

U svakom slučaju (bez obzira na objašnjenje), ispostavlja se da, iako je ovo jednostavno unutrašnje

---

§ Vidi (3) Odrasla osoba sa glavom

viđenje *eventualno* sve na šta smo polagali pravo (i mnogo više), ono je, zapravo - skoro za sve - samo još jedno prolazno iskustvo od mnogih koji sačinjavaju ljudski život. Ne biste ga mogli nazvati prvim korakom na Putu; ili, ako biste mogli, to je takav prvi korak koji se ne računa. Međutim, neki nastavljaju. Oni stižu do naše Pete Faze.

(5) Praktikovanje bezglavosti

Sada počinje "teški" deo, a to je ponavljanje ovog bezglavog viđenja-u-Ništavilo, sve dok viđenje ne postane sasvim prirodno i ništa posebno; sve dok, ma šta da čovek radi, ne postane jasno da ovde nema nikoga koji to čini. Drugim rečima, sve dok čitav život ne bude struktuiran oko dvostruke strelice pažnje, koja istovremeno pokazuje unutra, Prazninu, i napolje, ono što je ispunjava. Takva je osnovna meditacija ovog Puta. To je meditacija za pijacu, zapravo za svaku priliku i raspoloženje. Međutim, može se korisno dopuniti redovnim periodima formalnije meditacije - na primjer, svakodnevnim sedenjem na mirnom mjestu i uživanjem u tom istom viđenju, bilo da ste sami ili sa prijateljima.

U stvari, to je meditacija koja ne preti da podeli naš dan na dva nespojiva dela – vreme povlačenja i tihog prisećanja, i vreme samo-zaboravnog uranjanja u svakodnevni metež. Naprotiv, ispostavlja se da ceo dan

4. AŽURIRANJE PRIČE

ima isti osjećaj, postojan kvalitet od početka do kraja. Šta god moramo da uradimo ili uzmemo ili trpimo, na taj način možemo da okrenemo u našu neposrednu korist: ona pruža pravu priliku da se primeti Ko je uključen. (Da budemo precizni, apsolutno uključen, a ipak apsolutno neuključen.) Ukratko, od svih oblika meditacije, ova je najmanje planirana i nametljiva, i (ako joj se da vremena da sazri) najprirodnija i najpraktičnija. A i zabavna je: kao da vaše bezizražajno Prvobitno Lice nosi osmeh kao osmeh mačke iz Cheshire-a koja nestaje!

U početku, osnovna praksa zahteva mnogo truda i pažnje. Obično, potrebne su godine ili decenije da bi se došlo do stabilnog i spontanog unutrašnjeg viđenja. Međutim, metoda je sasvim jednostavna i ista od početka do kraja. Svodi se na prestanak previđanja posmatrača - ili bolje rečeno, odsustva posmatrača. Neki smatraju da je praksa veoma teška dugo vremena. Drugi - posebno mlađi posmatrači koji su posvetili manje godina i napora za izgradnju fiktivne osobe u središtu njihovog univerzuma - lakše je prihvataju. To je normalno: oni su još uvek blizu Faze (1) kada, kao bebe, još nismo bili predmeti ili stvari za nas. Kao životinje, tada smo nesvesno živeli bez komplikacija iz našeg središnjeg Ništavila. Sada nam je namera da se vratimo i živimo svesno iz njega.

4 Slike levo od ovih pasusa: Stelice Pažnje kod

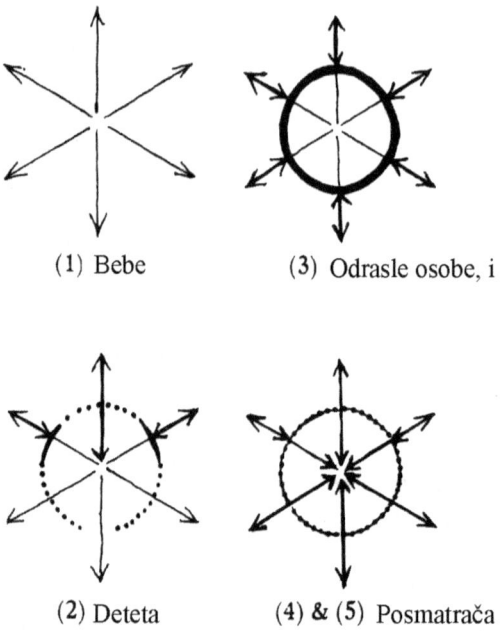

(1) Bebe   (3) Odrasle osobe, i

(2) Deteta   (4) & (5) Posmatrača

Ta namera je inspirativna. To nije ništa manje od plivanja sa jakom podvodnom strujom evolucije - evolucije same svesti kroz praistoriju i istoriju, koja se sada ponavlja u čovekovoj istoriji kao pojedinca.⁵ Kao životinja i beba u Fazi (1), niste bili svesni sebe: sve vaše strelice pažnje bile su usmerene ka spolja: *previđali ste svoje prisustvo* . Kao dete u Fazi (2), verovatno ste, povremeno bili svesni sebe; u tim prilikama, strelica pažnje bila je okrenuta i ka unutra,

⁵ Strogo govoreći, naravno, to nije sama svest - tj. svesna Praznina - koja se razvija, već ono što je zauzima. Bezvremena i apsolutna svest koja ste vi (koju neki nazivaju Svesnost) ne sme se pomešati sa njenim prolaznim i relativnim aspektom, pošto preuzima i odbacuje beskrajne funkcije, oblike i saznanja.

4. AŽURIRANJE PRIČE

i ona je pogodila metu: *videli ste vaše Odsustvo* - takoreći slučajno. Međutim, sve više i više vaših strelica uperenih prema unutra padale su daleko od te oznake: umesto da stignu do središnjeg Odsustva-bilo-koga, zaglavile su se u perifernom prisustvu veoma ljudskog nekoga. Kao odrasla osoba iz Faze (3), i lažno samosvesna, nastavili ste da usmeravate svoje strele pažnje ka tom nerealnom nekom, ka toj vašoj ljudskoj pojavi, koja je svakodnevno postajala sve realnija za vas, i uskoro je bila vaša lična karta, vaš identitet. (Falsifikovana karta, pogrešan identitet!)

I sada, kao posmatrač iz Faza (4) i (5), vi ste opet istinski Svesni sebe: ali ovaj put prodirete u taj prsten pojava promišljenije i doslednije, i počinjete da se odmarate u Onome Što te pojave predstavljaju, u vašoj Stvarnosti, koja je vaš pravi Identitet, vaše Prisustvo-Odsustvo, vaša Suština i Izvor. Sve češće, vaše strele pažnje, istovremeno usmerene ka unutra i ka spolja, pogađaju metu. Postajete vešti u *dvosmernom posmatranju* - istovremeno posmatrate unutra, Ništavilo, (Ne-stvar) i napolje, sve (stvari). Postali ste jedan od onih mutanata u našoj vrsti - posmatrača koji se povremeno pojavljuju proteklih nekoliko hiljada godina – koji, nadamo se, nagoveštavaju sledeći evolutivni skok napred: koji, u stvari, pokazju put ka najboljim izgledima da vrsta preživi. U međuvremenu, nastavljate sa našom meditacijom za život u svetu kakav je sada.

U ovom trenutku, moramo da postavimo dva važna praktična pitanja:

(i) Prvo je: koliko je naša meditacija konstantna i postojana? Da li je moguće - nakon dovoljno prakse – da budemo duboko svesni Sebe sve vreme, i da nikada ne izgubimo iz vida Odsustvo upravo ovde? Na pitanje o tome, Ramana Maharši je dao veoma značajan odgovor. Ponekad, objasnio je, svesnost *jnanija* je u prvom planu, kao melodija visokih tonova u muzici. U svim drugim prilikama, ona je u pozadini kao bas pratnja, koju jedva primećujete, sve dok možda ne prestane: čuli ste je sve vreme, ali na prigušen način. Ohrabrujuća činjenica je da se možemo nadati da će se istinska Samosvest, kada se dovoljno ceni i kada je uspostavljena na zadovoljavajući način, nastaviti na određenom nivou, bez ikakve uznemirenosti ili brige o tome da se namerno produžava. Ona je kao zaljubljenost. Ne obožavate tu osobu manje ako satima ne pomislite na njegovo ili njeno lice ili ime: važna je predanost, koja ostaje tamo sve vreme, konstantno. Tako je i sa samospoznajom. Kada vas jednom uhvati, neće vas pustiti. Vaša prava Priroda ima svoj način da postane sve očiglednija: ona neprimetno preuzima kontrolu. Svaki pokušaj da joj se nametne veštačka disciplina traženja ciljeva može samo da omete njeno sazrevanje, ili čak da postane neka vrsta idolatrije - težnje za bezglavošću radi

4. AŽURIRANJE PRIČE

nje same, pokušaj da se ovo Ništavilo (ova Ne-stvar) učini veoma željenom (Nekom) stvari.

(ii) Drugo pitanje je: do koje mere možemo da se oslonimo na našu meditaciju kako bismo rešili naše probleme? Koliko je efikasna kao psihoterapija? Bezglavi put - za razliku od onih koji kombinuju istočnjačku duhovnost sa zapadnjačkom psihoterapijom - ne bavi se namernim posmatranjem procesa uma, ili psihološkim ispitivanjem kao takvim, ili meditacijom čiji je cilj podizanje potisnutog mentalnog materijala na površinu: ili (u tom slučaju) smirivanjem uma. Umesto toga, slaže se sa Ramana Maharshi-jem, koji je podučavao: „Pripadati Sopstvu prava je stvar. Um nije važan. " Kao i sa Chang Chen Chi-jem, koji (u korisnom uputstvu *Praksa zena*) ističe da zen nije zainteresovan za mnoge aspekte i slojeve uma, već za prodiranje u njegovu suštinu," jer smatra da će, kada se ova suština shvati, sve ostalo postati relativno beznačajno i kristalno jasno. "Naš stav je ovaj: naravno da je veoma važno jasno videti naše psihološke probleme – u stvari, bilo koje misli i osećanja da se pojave - kao ono šta jesu, ali uvek *zajedno sa Onim odakle dolaze; zajedno sa Onim Ko bi trebalo da ih ima. Ne sme se izgubiti iz vida njihov Posmatrač.* Klinička vrednost savremenih psihoterapijskih tehnika nije u pitanju. Ipak, naš radikalni odgovor na psihološke probleme (kao i na sve ostalo) je dvosmerna pažnja - istovremeno gledanje unutra, u apsolutno čisto i nezagađeno neproblematično Ništavilo, i napolje, bilo kojih mračnih problema koji se u njemu pojavljuju. Njihovo krajnje rešenje je u tome da se odlučno stave izvan Središta, gde spadaju mračne stvari, a ne u pokušajima da se rasčisti sam mrak. Da upotrebimo neuporedivu istočnjačku sliku, veoma je ohrabrujuća činjenica da najčistiji i najlepši cvet - lotus prosvjetljenja - cveta u najblatnijim i najnezdravijim ravničarskim močvarama, usred blata strasti, svih onih prljavih i glupih koještarija uma, svih našeg nevolja i patnji. Očistite močvaru (kakva nada!) ili pokušajte da presadite lotus usred aseptičnih gorskih snegova nezemaljske i ezoterične duhovnosti, i on će uvenuti. Zen ide tako daleko da tvrdi da strasti *jesu* prosvjetljenje, da močvara *jeste* lotus.

Kao i uvek, naš metod se svodi na potčinjavanje onome što je očigledno, onome što je ezoterično, pre nego što požurimo da ga protumačimo i poboljšamo - potčinjavanje koje vodi do ponovnog otkrića da onome što je Očigledno, ipak, nije toliko očajnički potrebna naša brižna manipulacija. U stvari, poniznost pred "unutrašnjim" i "spoljašnjim" dokazima (naime, naša savršena središnja Stvarnost, apsolutno drugačija, a ipak, apsolutno jedno sa njenim u-velikoj-meri-nesavršenim psihofizičkim manifestacijama, njenim regionalnim pojavama, čitavim njenim okruženjem) ono je što je

4. AŽURIRANJE PRIČE

potrebno za naše isceljenje. Ova dvosmerna pažnja, očišćena od jednosmjerne namere, dovoljna je da nas oslobodi od svih problema. Ona otkriva Istinu koja nas oslobađa - slobodni kod Kuće, gde nema ničega za prihvatanje tragova ili otisaka, da nas veže ili da krene naopako, i gde je pogled prema spolja, u carstvo stvari koje izgledaju kao da su uvek pogrešne, takođe u redu. Da: savršeno u redu, bez obzira na to koliko taj prizor izgleda preteći kada se Dom i njegova sigurnost zanemaruju, a mi glupo zamišljamo da smo odvojene osobe ili egoi tamo napolju usred svega toga, u strašnoj opasnosti. Tamo, naša zabluda o egocentričnosti donosi beskrajne nevolje na našu glavu; ovde, naša spoznaja nulte centričnosti ne samo da ih sprečava - glava i sve ostalo - već ih potpuno preobražava. Gledano iz njenog Izvora, okolna maglovitost počinje da poprima Lepotu koja je izvan lepote i ružnoće, i napokon, naše misli i osećanja i aktivnosti spontano doprinose toj krajnjoj Lepoti.

Naša dvosmerna meditacija je, tada, zaista radikalna psihoterapija - tako duboka da očigledni i posebni rezultati mogu veoma sporo da se pojave. Ipak, kada smo dovoljno istrajni, sigurno ćemo ostvariti - više kao bonus, nego kao očekivanu nagradu - prilično specifična poboljšanja na toj „spoljašnjoj" sceni, u problematičnom području našeg svakodnevnog života. Obično, to će uključivati oživljavanje čula (podizanje ekrana koji prigušuje rezonancu zvukova, slabi sjaj boja, zamagljuje oblike i filtrira lepotu koja sija na „najružnijim" mestima) i (sa buđenjem čula) kompleks međusobno povezanih psihofizičkih promena - uključujući dugotrajnu budnost "celog tela" umesto "nesmotrene" povremene budnosti (kao da smo bili potpuno spremni da učestvujemo u trci našeg života), smanjenje napetosti, posebno u predelu očiju i usta i vrata (kao da smo ih napokon opustili), postepeno snižavanje centra gravitacije (kao da je gubitak glave bio pronalaženje srca i creva, i stopala, koja su sada ukorenjena u Zemlji), zapanjujuće usporavanje disanja (kao da je ono funkcija stomaka), i, zapravo, opšte propadanje (kao da su nas sve dobre stvari, koje smo uzalud nastojali da postignemo na vrhuncu, čekale na dnu). I, kao protivteža ovom spuštanju, opšte poboljšanje, uključujući osećaj zanosa (kao da smo savršeno uspravni i visoki do neba), oživljavanje kreativnosti, veća energija i samopouzdanje, nova i detinjasta spontanost i razigranost, i iznad svega, lakoća (kao da nismo toliko prohujali sa vihorom kao što je sam vihor). I na kraju, možda, smirivanje strahova, značajno smanjenje pohlepe i besa, izglađivanje ličnih odnosa, veća sposobnost za nesebičnu ljubav, više radosti. Možda! Međutim, po pravilu - naročito pošto su se početno uzbuđenje i nobičnost samospoznaje istrošili, a uživanje u istinskoj Prirodi oslabilo, očekivanjem koristi za ljudsku prirodu - te se koristi doživljavaju kao

4. AŽURIRANJE PRIČE

skromne, neujednačene i promjenjive. Spoljašnji plodovi unurašnjeg viđenja nisu ni približno tako obilni kao što bismo prirodno želeli, sporo sazrevaju, a čak i tada su verovatno očigledniji drugima nego nama. Često, nema nikakvog osećaja poboljšanja. Lako može doći do sve većeg razočaranja, osjećaja da je nešto potrebnije, osim golog viđenja. To nas dovodi do sljedeće faze našeg putovanja.

(6) Usavršavanje
Moramo da nastavimo da bismo otkrili mnogo više o značenju bezglavosti, njenoj koristi za život, njenim drastičnim posledicama za naše razmišljanje, naše ponašanje i odnose, našu ulogu u društvu. Ova faza, čak i manje očigledna od drugih, sigurno će se, u velikoj meri, poklapati sa njima, i ona se, zapravo, nikada ne završava. Ne postoji standardni obrazac.

Mnogo će zavisiti od darovitosti i temperamenta pojedinca, i od toga u kojoj mjeri se on ili ona mogu povezati sa drugima i dobiti podršku od drugih. Svakako, mnogo je prijatnije i lakše napredovati na ovom Putu, i napraviti otkrića koja pripadaju toj njegovoj fazi, u društvu prijatelja, nego sami. Ipak, ni usamljenost ni bilo koja druga poteškoća neće zadržati nikoga, i sve - prave knjige, učitelji, okolnosti – pritećiće mu u pomoć, ako odluči da se potrudi.**

** U postskriptumu ove knjige, navedeni su praktični predlozi kako posmatrač može da stupi u vezu sa drugim posmatračima.

Ne radi se samo o disciplini i podršci koju pruža grupa, već i o pouzdanom i često skromnom duhovnom smeru koji (ne uvek namerno) daje jedan ili drugi njen član, što je za većinu nas neophodno. U svakom slučaju, autor može da posvedoči da - kad god mu je nedostajala (ili je tvrdoglavo pretpostavljao da mu nedostaje) – zamena za rošija, gurua, ispovednika ili duhovnog učitelja - njegova vizija puta napred bila je nepotrebno kratkovidna i njegov put je krivudao.

„Nažalost, nemam 'bezglave' prijatelje ili prijatelje 'koji vide'!" žali se posmatrač početnik. U stvari, ima ih mnogo: samo što ih ne poznaje. I pre ili kasnije i uz dovoljno strpljenja, može imati prijatelje koje zna: jer ovo je (kao što smo videli) iskustvo koje se najlakše može podeliti, i savršeno sredstvo komunikacije je - bukvalno – pri ruci. Ne treba da bude obeshrabren kada ljudi reaguju negativno – jer, da bi odbacili taj uvid, prvo moraju da ga prihvate, i pomaknu se korak bliže vremenu kada je dozvoljeno ostati. Nema porebe ni da mu bude neprijatno kada uzvrate (na primer, kada tvrde da je ono što im pokazuje previše isključivo vizualno: kako to može biti valjano - a kamoli važno - ako ga ne podržavaju druga čula, i ne može se pokazati slepom čoveku?). Iz razloga koje smo već istražili, za mnoge ljude, sama sugestija bezglavosti veoma je agresivna, i nema kraja primedbama koje će

4. AŽURIRANJE PRIČE

navesti . Nije važno: bezglavost je da se živi stalno, da se deli povremeno, da se nikada o njoj ne raspravlja.

U onoj mjeri u kojoj postoji „odgovor" na tu posebnu primedbu o slepom čoveku, to bi lako moglo da poprimi oblik malog eksperimenta. „Oslepite" i „vidite" da li ste bezglavi ili niste. Da li biste vi, čitaoče, molim vas, učinili baš to? Zatvorite oči, i deset sekundi proveravajte da li sada imate najmanji dokaz o glavi koja zauzima središte vašeg sveta, o nečemu ovde što ima bilo kakve vidljive granice ili oblik ili veličinu ili boju ili što nije providno - a kamoli oči ili nos ili uši ili usta. (Bolovi, golicanje i ukusi i tako dalje ne sačinjavaju glavu, uopšte nisu glava.) Ili, u vezi sa tim, imate li najmanji dokaz upravo sada o telu? Da biste proverili, koliko prstiju možete da izbrojite, kada zatvorenih očiju zanemarite pamćenje i maštu, i ponašate se u skladu sa onim što je očigledno u ovom trenutku?

U stvari, autorovi slepi prijatelji uvjeravaju ga da savršeno jasno osećaju odsustvo glave i tela, i prisustvo njihove prave prirode kao Praznine ili Prostora ili Kapaciteta za sve ono što doživljavaju - uključujući sve moguće "telesne" osjećaje. Na ovom putovanju nad putovanjima, oni koji vide nemaju stvarnu prednost u odnosu na slepe. Pravo viđenje, večno viđenje, svačije je.

Za sve nas, naša dvosmerna meditacija je, u suštini, ista, bez obzira na čulo koje koristimo. Efekat je uvek dvostran, ali apsolutno asimetričan. Ta ptičja pjesma pada u Tišinu ovde; ukus tih jagoda oseća se na ovoj stabilnoj pozadini Bez Ukusa; taj nesnosan miris nastaje nasuprot ovom trenutnom odsustvu mirisa, ovoj Svežini; i tako dalje. Slično tome, naše misli i osjećaji pojavljuju se samo na praznom ekranu ovde, koji Zen naziva Ne-umom, i ne ostavljaju traga na njemu kada nestanu. Isto kao, kada se "suočim" sa vama, vaše lice tamo predstavljeno je mom odsustvu lica ovde - licem u ne-lice - tako da, bez obzira na to šta opažam, moram biti slobodan od toga: da bi se napunila vodom, čaša mora biti prazna. Razlika je totalna. To ne znači da, kada praktikujemo našu dvosmernu "meditaciju za pijacu", mislimo na sve to: samo nastavljamo sa poslom, ne gubeći dodir sa našim Odsustvom.

Sve to pokazuje koliko su raznovrsni putevi ka Domu i kako su slepi, kao i gluvi, potpuno sposobni da putuju našim Putem. Međutim, oni koji vide blagosloveni su nekim pomoćnim sredstvima za putovanje, koja su ostalima uskraćena. (To nije iznenađujuće; ne bez razloga, prosvetljeni se nazivaju vidioci, a ne slušaoci ili mirisači ili dodirivači – a pogotovo ne mislioci. Vid je prirodno kralj čula ovde: kada je istovremeno usmeren prema unutra i prema spolja, on je najveći neprijatelj nejasnog, najveći otkrivač Očiglednog.) U sledećem izboru iz mnogih spoznaja koje nas čekaju (ako izgledaju prostije - a ponekad i smešnije - nego što su duhovne, to je, zapravo, u njihovu

4. AŽURIRANJE PRIČE

korist!) biće lako razlikovati manje značajne, koje zavise od spoljnog viđenja, od značajnijih, koje ne zavise. (i) Naizgled, ja sam stvar koja se kreće u Prostoru. U stvarnosti, ja sam nepokretni Prostor. Kada hodam po sobi, gledam *dole*, a moja glava (ne-glava) beskonačna je i prazna Nepokretnost, u kojoj se ruke i noge kreću. Kada vozim kola, gledam *napolje*, i moje ljudsko telo (ne-telo) je ta ista Nepokretnost, u kojoj se čitav okolni prizor meša kao divovski špil karata. Kada izlazim noću, gledam *gore*, i moje Zemaljsko telo (ne-Zemaljsko telo) ista je Nepokretnost u kojoj se ta nebeska tela ljuljaju i plešu. (Ne: ne mogu da nađem glavu ovde, da se okrenem prema njoj i od nje, da je njišem gore-dole!) Konačno i najvažnije, ja „oslepim" (zatvorio sam oči, kažu) i moje Univerzalno telo (ne-Univerzalno telo) ista je beskonačna i prazna Nepokretnost, koja se sada otkriva kao nepokretni Ne-um, čiji mentalni sadržaj odbija da ostane miran na trenutak. Osim što još jednom potvrđuje naš istinski Identitet, ovaj aspekt našeg predavanja Očiglednom - našeg dvosmernog gledanja, naše meditacije za sva godišnja doba - izvlači jurnjavu iz "užurbanosti modernog života": ili bolje rečeno, iz onoga koji misli da žuri. Nikad se nije pomerio ni milimetar. Sva njegova uznemirenost je iluzorna. On ne treba niti može da učini bilo šta da bi se smirio - osim da prestane da previđa mjesto gde je zauvek u stanju mirovanja, gdje je Mir koji prevazilazi svako razumevanje tako blistavo očigledan. Taj mir za kojim žudi, za koji je mislio da mu uvek izmiče, otkriva se u samom njegovom središtu, i *moli da bude primećen!*

(ii) Dok drugima tamo (koji me posmatraju iz daljine) izgledam kao pokretna i ograničena ljudska stvar, ja sam stvarno ovde (i posmatram sebe iz nulte daljine) ova nepokretna i neograničena i ne-ljudska Ne- stvar (Ništa). Vidim da je ova Ne-stvar ili ovaj Prostor prepun svih mogućih stvari - pokretnih, obojenih, oblikovanih, bučnih, prijatnih i neprijatnih, čulnih i ne-čulnih, i tako dalje. I paradoksalno, samo zato što je ovaj Prostor apsolutno drugačiji i apsolutno nekontaminiran svojim sadržajem, apsolutno se poistovjećuje sa njima. Ja to ne mislim. Ja to vidim. Prostor jesu stvari koje ga zauzimaju. Ova Nepokretnost - Tišina jesu kretanja i zvuci, čija je ona pozadina. *Kao nešto, ja sam samo ta stvar. Kao ne-stvar (ništa), ja sam sve stvari.*

(iii) I sve se mogu videti upravo ovde. Na taj način, nebo, Sunce, oblak, drvo, trava, prozor, tepih, stranica pokrivena slovima, ruke koje je drže – svi su prisutni, jasno su mi predstavljeni gde sam ja i gde je moja kamera, a ne tamo gde nismo. Nema distance između nas. (Kao što je ranije naglašeno, ako dođem do njih, postepeno ih gubim; štaviše, liniju koja se proteže između nas, i povezuje ovo mesto sa "najudaljenijim" objektom, moram da tumačim kao tačku bez dimenzija.) Iz toga proizilazi da je čitav

4. AŽURIRANJE PRIČE

svet moj, i ja sam bezgranično bogat. A, uz to, ova vrsta vlasništva je jedina prava vrsta. Jer, kao ovo malo i čvrsto (i prilično izmišljeno) nešto ovde, isključujem sve ostale stvari iz prostora koji zauzimam i tako sam najsiromašniji od siromašnih; a kao ogromna i prazna (i stvarna) Ne-stvar (Ništa) ili Prostor, puštam ih unutra, preuzimam isporuku Univerzuma, imam i držim čitav pot. Nije ni čudo što je sve tako ubedljivo, tako neposredno, tako – *jasno* !

(iv) Kako to, onda, da ja i dalje vidim sve - od ovih ruku pa sve do plavog neba - kao da je tamo napolju, a ne ovde? Ili, čudno, kao oboje odjednom? Na jednom nivou, odgovor je da je ovaj trodimenzionalni svet tako prikladan način tumačenja podataka, model o čijoj važnosti za preživljavanje svedoče moje oči - čija fiziologija je u tako velikoj meri usmerena na pronalaženje dubine. Na dubljem nivou, odgovor je da, u stvari, *moj svet nije 3-D, već je to njegov Posmarač.* Ovde u meni - na *mojoj* strani ovog prsta koji pokazuje unutra, ove stranice, svakog predmeta - tu se proteže ovaj bezmerni Ponor. (Njemu dugujem sreću - iako paradoksalnu - činjenicu da je nebo posuto zvezdama, iako više nije udaljeno od mene nijedan angstrem, ipak više je drugo, više je čudovišno nebesko - nego što je ikada bilo: kada mu dajem neograničenu udaljenost od mojih neograničenih resursa, dajem mu neograničenu čaroliju.)

Na ovaj ili onaj način, ravnica mog detinjstva morala je da ide. U detinjstvu i početkom odraslog doba, *moj metod je bio da odgurnem svet, da mu dodam distancu* . Rezultat: naravno, izgubio sam ga. Sve više, moja projekcija sveta svodila se na odbacivanje sveta i odbacivanje od strane sveta, i ja sam postajao sve siromašniji, usamljeniji, isključeniji, otuđeniji. Početna vrednost te metode za preživljavanje brzo je prelazila u suprotnu fazu i postajala (da tako kažem) vrednost za gašenje. Ali sada, napokon, kao posmarač iz kasnijih faza, umesto da ga u potpunosti odbacim, ponovo ga puštam u popunosti unutra, i svet je beskrajan, jer sam ja beskrajan. Dvostruka strelica moje pažnje istodobno pokazuje napred, prema "spoljašnjem" svetu stvari - koji, zapravo, počinje i prestaje ovde - i nazad, prema "unutrašnjem" svetu Ne-stvari (Ništavila), koji, zapravo, ide sve dalje i dalje, zauvek . I oni su jedan svet. Sve je u meni. Sve je moje. Sve je ja. I ja sam opet dobro.

(v) Ono što zaista posedujem, radi za mene, a ne protiv mene. Ako je Univerzum moj, treba da se ponaša onako kako želim da se ponaša. Dakle, istina je da, poput ogledala, ovaj Kapacitet ili Praznina, koja sam ja, nema načina da odbije bilo koji od njenih sadržaja. Nema prioriteta. Nema favorita. Mora da se preda bilo čemu što se pojavi. Nema mogućnost izbora, a ipak (kao što će postati sve jasnije dok idemo dalje) odgovorna je za sve što se dešava. Ne želi ništa, i želi sve stvari.

4. AŽURIRANJE PRIČE

(vi) Čak i moji sopstveni postupci postaju prihvatljivi. Moje najglupje greške, na neki način, ipak nisu greške. I, u svakom slučaju, šta god da radim - od pranja sudova do vožnje automobila i do razmišljanja o ovom pasusu - shvatam da to činim lošije, dok zamišljam nekoga sa glavom, upravo ovde, da to radi, i bolje kada ga otpustim. Svesno živeti iz istine Ne-stvar-sam-ja - mnogo, mnogo je bolje, nego živjeti iz laži stvari-koja-ja-nisam - što ne iznenađuje.

(vii) Stvar je u tome da se prve stvari stave na prvo mesto, da se nikada ne izgubi dodir sa OVIM. Kada, kao osoba, imam nameru da *direktno* budem napolju ispred i uključen u život i zaista *sa* njim, ja sam, u stvari, otuđen od života, protiv njega, i, u krajnjoj liniji, njegova žrtva. Međutim, kada je moj cilj *indirektan* - preko uočenog Odsustva ovde te osobe koja traži uključivanje - zašto, onda, nisam tamo u svetu, a ne samo *sa* njim: Uživam u iskstvu što *sam* on. Slobodan sam. Potvrđujem svet, *prosvetljen* (kao što Zen- učitelj Dogen tako izvrsno kaže) *od strane svih bića*. Prosvetljen onim što oni izgledaju da jesu, kao i onim Što jesu.

(viii) Shvatio sam da moje viđenje Odsutnosti ovde nije viđenje *mog* Odsustva, već svačijeg. Vidim da je Praznina ovde dovoljno prazna i dovoljno velika za sve, da je to *prava* praznina. U suštini, svi smo jedno te isto, i nema drugih. Iz toga proizilazi da ono što činim bilo kome, činim sebi, i što se njima dešava, dešava se meni. To je činjenica koju moram shvatiti veoma ozbiljno. Nazovite to bezuslovnom ljubavlju, ili saosećanjem, ili istinski velikodušnim srcem - bez toga, i spontanog života iz toga, moje unurašnje viđenje zapravo je provizorno.

(ix) Gledanje u Ništavilo (Ne-stvarnost) svesno je povezivanje sa Izvorom čitave stvarnosti, sa originalnošću Početka i kreativnošću Tvorca, sa obilnim izvorom svih zaista spontanih osjećanja i aktivnosti i onoga što je novo i stoga nepredvidivo. Kao i uvek, to nije za verovanje, već za proveravanje. Pogledajte, i vidite šta ćete postići!

(x) To viđenje je dolazak Kući u jedinu sigurnu luku, u našu dragu rodnu zemlju (duboko poznatu, a ipak neiscrpno misterioznu), u ono što je pouzdano. I to treba proveravati, po čitav dan i svaki dan.

Ovih deset spoznaja, sa bezbrojnim drugim, čekaju putnika u ovoj fazi putovanja. One doprinose - dokaz su - produbljivanju i sazrevanju njegove ili njene prvobitne bezglavosti. Ili (bolje rečeno) one su deo usavršavanja onoga što je sve vreme bilo očigledno u tom viđenju.

Najpoznatija među svima njima je spoznaja - višestrani duhovni razvoj prikladan za našu Fazu (6), ali koji, svakako, nije ograničen na nju - koja insistira na posebnoj pažnji u ovom trenutku. To je iskustvo *neznanja,* našeg dubokog i sveobuhvatnog neznanja. U stvari, ono proizilazi iz "ja sam ništa" da "ne znam ništa", jer, očigledno, *informisano* ništa nije ništa, već nešto, oblik, a ne praznina.

4. AŽURIRANJE PRIČE

Ovo neznanje spada u dva potpuno različita dela:
(1) Prvi je napuštanje naše pretpostavke da, *naravno*, stvari jesu i moraju biti ono što jesu. To je odricanje od našeg uverenja odrasle, sofisticirane osobe, svetskog čoveka-ili-žene da (kao što kažemo) znamo sve to, da smo sve to već videli, da nema ništa novo pod Suncem, da smo sve to snimili, da je "wow!" detinjasto i da je zevanje "pa šta?" odrasli čovek. (Iznenada, podignite mali prst, trepnite očnim kapkom, obratite pažnju na gostoprimstvo koje pružate tim odšampanim oblicima i tim zvucima - živahnost koju duguju dubini i jasnoći prostora koji im dajete - i priznajte da nemate pojma *kako* ih izvodite kao i milion drugih čuda. To je neka vrsta opšteg zaborava, pranja našeg zaprljanog univerzuma, ispiranja nagomilanih slojeva imena, uspomena, asocijacija, i ostavljanja svega toga da bude nepoznato i sveže i slatkog mirisa. To je prestati sa uzimanjem svega i svačega zdravo za gotovo. To je ponovno otkrivanje očiglednog kao veoma čudnog, onog što je vidljivo kao divno i dragoceno, pre nego što ga promenimo za naše svrhe. To je prihvatanje lepote koja je bila tamo sve vreme. To je, zapravo, *gledanje* "najobičnijeg" kamena i opalog lišća, "najodvratnijeg" smeća, "nevažnih" stvari, kao što su oblici i boje senki i odraza šarenih gradskih svetiljki na mokrim putevima noću (koje smo prestali da primećujemo, jer ih ne zaobilazimo). To je svesno biti ono što zaista jesmo

- Kapacitet za stvari - Prostor u kojem je svakoj od njih dopušteno da dostigne svoju posebnu vrstu savršenstva. To je svesno posmatrati sve iz njegovog Izvora, i ponovo ga ujediniti sa Beskonačnošću koja je na *ovoj* strani. To je čuti, videti, mirisati, dodirnuti stvari kao da je to prvi put, oslobođeni napornog bremena prošlosti. To je oživljavanje i nastavak naše začuđenosti iz djetinjstva. To je biti prisutan na jutru Stvaranja, pre nego što je Adam dao imena stvorenjima i dosađivao se sa njima. To je videti ih očima njihovog Tvorca, kao veoma dobre. U stilu Zena, opet, to je "biti prosvetljen svim bićima", jer ovde nema ničega što bi zamaglilo njihovu svetlost.

Ovo neznanje nema granica. Proteže se dalje od onoga što vidimo do svega onoga što osjećamo i mislimo i činimo. Ono je prestati znati kako se nositi sa životom, gde idemo, šta da radimo kada obavimo ovaj trenutni posao, šta će nam se desiti sutra, sledeće nedelje, sledeće godine. Ono je hodati korak po korak i sa povezom preko očiju, u uvjerenju da će se Prostor ovde - koji je ništa i ne zna ništa drugo osim samog Sebe - ipak pojaviti, trenutak po trenutak, sa onim što je potrebno. Ono je živeti kao ljiljani na polju, ne razmišljajući o sutrašnjem danu, vjerujući našem Izvoru. (Naravno, to se može iskoristiti kao izgovor za povlačenje iz života , ali kada se *živi*, to je vraćanje i davanje životu svega što možemo, uključujući i bilo kakvo planiranje koje je potrebno.)

4. AŽURIRANJE PRIČE

Ne treba direktno težiti ka životu neznanja, i njegovoj izvanrednoj radosti i izvodljivosti. One se mogu doživeti samo ako se odreknemo bilo kakvog prava na njih i bilo kakve zamisli o njihovom negovanju. Međutim, može se očekivati da će doći blagovremeno, pod uslovom da obratimo pažnju na njihovu pozadinu, na Ništavilo ovde. Prvo potražite ovo najočiglednije kraljevstvo (Kraljevstvo unutra) i sve ove lepe stvari biće dodate: potražite ih, i one će biti uklonjene. Ostanimo sa Prazninom koju znamo (i ne znamo) tako dobro, i Ona će obezbediti punjenje koje uopšte ne znamo, ali će se ispostaviti da je to upravo ono što je potrebno u ovom trenutku.

Zašto treba da verujemo da će se uvek pojaviti sa pravim odgovorom, koliko god da taj odgovor trenutno možda izgleda pogrešan? Zašto bi trebalo da joj *apsolutno* vjerujemo ? Ako nam naše iskustvo još nije dalo jak razlog da to učinimo, pogledajmo sada šta je Njeno najsuptilnije, najbriljantnije, najinspirativnije i najimpresivnije (a ipak, kada se vidi, najočiglednije) dostignuće.

(2) Druga kategorija neznanja nije odustajanje od naše pretpostavke da, naravno, stvari moraju biti ono što jesu, ili ono što mi učinimo od njih, već da *uopšte moraju biti!* Zašto bi samo postojanje postojalo? Razlika između ova dva neznanja je nemerljiva; ona nisu u

istoj kategoriji. Prvo vidi kao čuda stvari kojih smo svesni. Drugo vidi kao *pravo* Čudo svesno Ništavilo (Nestvar) iz kojeg one dolaze. Prvo je relativno blago, lagano teče, stalno se menja, u zavisnosti od intenziteta. Drugo je konačno, uvid sve-ili-ništa, ni izdaleka kao bilo koji drugi. Međutim, ključ za to je mali i leži u udaljenosti između ovih malih reči, *šta* i *da*. Ovde, ŠTA je stvarnost gubi svu važnost, DA *stvarnost jeste* postaje od najveće važnosti. Ludwig Wittgenstein je napisao; " *Ono* što svari jesu u svetu predmet je potpune ravnodušnosti prema onome što je više. Bog se ne otkriva u svetu ... Nije mistično *ono* što su stvari u svetu, već *da* on postoji. " Što bih ja proširio: zaista mistična činjenica je da *Bog* – odnosno samosvesno Biće - postoji, i posle njega, postojanje njegovog sveta srazmerno je uobičajeno, neminovno.

U ovom trenutku, moram da se vratim na neposrednu autobiografiju. Naravno, ne mogu detaljno da se setim prvih epizoda u mojoj često prekidanoj (ali doživotnoj i strastvenoj) ljubavoj vezi sa Misterijom Egzistencije. Ipak, sledeća rekonstrukcija te avanture u četiri faze - koja kulminira otkrićem konačnog značenja i vrednosti „bivanja bez glave" - najbolji je način prenošenja njene suštine, njenog stvarnog osećaja:

(i) Ja sam mladi tinejdžer, u razgovoru sa starijim prijateljem:

4. AŽURIRANJE PRIČE

D.H.: U redu, Bog je stvorio svet, ali kako je uopšte došao tamo, pre svega? *Ko je stvorio Boga?*
Prijatelj: Niko. On je stvorio sebe.
D.H.: Ali, kako je to mogao da uradi? Zar nije bilo ničega, velika široka praznina, a onda - BANG! – Bio je tamo? Mora da je bio *zapanjen* ! Mogu da ga čujem kako viče: "Gledaj, upravo sam stvorio sebe! Zar nisam *pametan* ! "
Prijatelj: Nemaš poštovanja. Bog je tako veliki da je odvajkada bio, *morao je* oduvek biti. Zašto bi bio zaprepašten svojim postojanjem? To je njegova priroda.
D.H.: Pa, *mislim* da se verovatno naježi svaki put kada vidi ono što je uradio – stvara sebe tek tako iz ničega (ne samo kao uspavana stara gomila nečega, već sasvim budan), bez ikakve pomoći spolja! To nije samo magija, to je *nemoguće!* Posle toga, može da učini bilo šta: da stvori milijarde savršenih svetova, sa rukama vezanim iza leđa!
Prijatelj: Ne razumeš. *Mora* da postoji Neko, koji stvara, sve.
D.H.: Ali ne Neko ko stvara sebe! *Nije* morao da se desi. Možda nije uspeo da izađe na kraj sa tim. Ili, ako je *zaista* morao da se desi, mora da je neko drugi bio u pozadini, i omogućio mu da se desi - što znači da on, ipak, nije Bog. Pravi Bog je taj Neko drugi - opet, zauzet izmišljanjem sebe!

Prijatelj: (ustaje i odlazi): Ove stvari nisu naša briga. Bog i početak su misterije koje ne bismo trebali da istražujemo – misterije za nas, naravno, ali ne i za njega.

D.H.: (sebi): Pa, zašto je onda uopšte napravio istraživača od mene? I dalje mislim da je veoma smešno - smešno-čudno - da postoji bilo ko i bilo šta. Trebalo bi da postoji samo - ništa! Ni trunka, ni mrvica, ni tračak svesti.

(ii) Prošlo je nekoliko godina. Sada sam odrasla osoba - ali još nisam svesno bezglav- razmišljam podrobnije o Samopostojanju, koje me ne pušta na miru.

Sam Bog je najveća neznalica! Bog [ili kako god da nazovete njega ili nju, koji je Ništavilo (Ne-stvarnost) i Izvor i Svesnost i Biće] ne može ni slučajno da razume kako je sam sebe stvorio, kako je izvukao sebe iz praznog nepostojanja, kako se probudio iz najdubljeg sna, iz te duge noći bez snova. Da razume sebe bilo bi kao da stoji ispod sebe u beskonačnoj i uzaludnoj regresiji . Apsurdno i samoporažavajuće izobličavanje! On *voli* da bude sebi apsolutna misterija - Bog koji je sam sebe večno vezao, stalno bi patio od dosade. Niti je ovo božansko neznanje mana njegove prirode. Sasvim suprotno: to je razlog zašto je zauvek u zanosnom strahopoštovanju prema sebi, preko svake mere. To je razlog njegove nadljudske poniznosti, njegove strepnje pred njegovom sopstvenom neizrecivom veličinom, njegove vrtoglavice dok gleda u svoje neizmerne dubine. (Samo mi samozadovoljni ljudi dovoljno smo

4. AŽURIRANJE PRIČE

uobraženi da zahtevamo Biće kao naše prirodno pravo, isto toliko u torbi, i da se podrazmeva, kao da su nam ga redovno posluživali za doručak!) I, kada konačno naš besmisleni zahtev prođe, to je glavni razlog, ne samo da ga obožavamo, već i da gajimo neograničeno poverenje i optimizam. Posle ovog početnog i jedinog pravog Čuda, koje čudo se može isključiti? Sve je moguće za Onoga koji je ostvario Nemoguće. Onaj koji ima veliko iskustvo – a to je znati i ne znati kako da se bude - nije nespretan. Njegov svet nije pogrešan. Sve je dobro.

(iii) Sada sam došao do mojih ranih tridesetih godina i "izgubio sam glavu". Kao rezultat toga, moja radoznalost iz detinjstva i iz mladosti, u vezi sa Postojanjem, počinje da poprima nove dimenzije. Slučajno sam naišao i oduševio se sa sjajnom i nadahnutom izrekom Sv. Jovana Krstitelja: "Oni koji najsavršenije poznaju Boga, najjasnije shvataju da je on savršeno neshvatljiv." I to dovodi do zapanjujuće misli: ono što potvrđje naše znanje o njemu (kao savršeno neshvatljivo), ono što ga čini istinskim znanjem, jeste da je to, zapravo, njegovo znanje o njemu, koje je u nama. Jer nismo zapanjeni i zbunjeni kao ova mala, neprovidna, glavata, potpuna ljudska stvorenja, tim čudom Samo-stvaranja, već kao sam Samo-Tvorac. (Ne: mi se ne prepuštamo zabludama o veličini! Naprotiv, odričemo se, kao apsurdnih, svih naših zahteva na *lično* božanstvo. Prava arogancija, pravo bogohuljenje je zavaravanje da se ovo ljudsko biće *kao takvo* može popeti do vrtoglavih visina sa kojih se Bog uopšte može videti - da ne govorimo o osnovnom zavaravanju da ovo ljudsko "biće" na svom sopstvenom nivou ima bilo kakvo sopstveno biće, osim Onoga koji *jeste.*) Zapanjujuća činjenica (istovremeno beskrajno inspirativna i beskrajno ponižavajuća) je da je naša zadivljena ushićenost njegovim ostvarenjem ništa manja od njegove zadivljene ushićenosti - prava stvar, a ne njen odraz, ili čak učešće u njoj. Na tom nivou, sa kojima drugima će to podeliti?

(iv) Konačno, iznenada, javlja mi se vrhunska (i konačno sasvim očigledna) istina. Samo-stvaranje nije nemoguć podvig, koji je neko drugi davno ostvario, daleko, jednom zauvek, već se događa upravo ovde i upravo sada! Nemogućnost je neprekidna, neiscrpna i uvek prisutna. Ovde, na ovom prezrenom, kažu mi sićušnom, zanemarenom mestu, navodno počašćenim glavom, *ovde se odvija čitava potpuno ekstravagantna drama Samo-stvaranja kao da je prvi put (izostavi kao da je) u svoj njenoj netaknutoj čarobnosti, upravo u ovom trenutku!* Upravo ovde i sada, ova zapanjujuća misterija - ovaj povik "JA JESAM!" – *moj* je povik - *moja* misterija *moje* Sopstvo. Moram je prihvatiti. Upravo ovde i sada, više ne mogu izbegavati odgovornost za Ono Što Jeste - a kamoli za sve što jeste.

4. AŽURIRANJE PRIČE

Ako je u samom središtu mog univerzuma postojala grudvica - mala i čvrsto spakovana i potpuno lična kutija - puna neuralnog materijala i procesa - kako bi bilo ludo pretpostaviti da bi takva slabašna stvar mogla smisleno obuhvatiti Kosmos i njegov izvor i čitavu misteriju Bića! Srećom, vidim - mogao bih reći da samo ovo bezglavo Mesto vidi - da je, kao apsolutno nepomućena i beskrajno proširena Svesnost, idealno prilagođena tom ogromnom zadatku. To je njegov pravi posao. Štaviše, siguran sam da ovo isto najprostije, a ipak najimpresivnije, najprivatnije, a ipak najmanje privatno, najbliže i najpoznatije, a ipak najmanje poznato od svih mesta, sadrži mnogo više - neizmerno više - iznenađenja, nezamislivo čudesnih. Ko bi pomislio da će samo gubitak glave značiti sticanje takvog bogatstva?

Međutim, samo obilje ove mogućnosti, neograničena prirodna bogatstva ove Aladinove Pećine, mogu postati razlog za frustraciju, zbog osećaja zabrinutosti da smo, ipak, zauvek osuđeni da ostanemo tragači – da nikada ne možemo sve to da steknemo, da stalno propuštamo nešto važno, da smo stalno na pragu otkrića. Međutim, ova anksioznost pojavljuje se samo u onoj mjeri u kojoj gubimo iz vida Samu Pećinu, ono *što* je tako obilno, Transparentni Izvor i Kontejner i, zapravo, kraj svih spoznaja, našu istinsku i večnu i čudovišnu prirodu. Oni su rođeni; Ona je nerođena. Oni dolaze i odlaze, rastu i nestaju; Ona se nikada ne menja. Oni se sastoje od misli i osjećaja; Ona je bez njih. Ni najuzvišenija od ovih spoznaja, čak ni vrhunsko čudo Samo-stvaranja,†† nije Stvarno u smislu da je Ono Stvarno, i nijedna nije za poimanje ili prijanjanje. Ipak, svaka se mora prihvatiti, kako se pojavljuje, s poštovanjem, kao da nosi autoritet njenog Izvora i kao da savršeno odgovara njenom vremenu i prilici.

U stvari, mi nipošto nismo došli do kraja onih velikih spoznaja koje označavaju faze Bezglavog Puta. Još uvek moramo da idemo daleko tim putem. Štaviše, putovanje će postati sve teže i teže. Ogromna prepreka se nazire ...

(7) Prepreka

Bez obzira na to koliko su revolucionarna otkrića u Fazama (5) i (6) Puta, ili koliko su se pokazala korisna za život, na kraju, ostavljaju putnike duboko nezadovoljne. Ostaje bol, nedefinisana čežnja. Uprkos ovom prilično originalnom duhovnom "napretku", najvažnija oblast ostaje neistražena, ili barem nedovoljno istražena. To je mračna i opasna zemlja u kojoj žive čudovišta i ne može se zaobići. To je područje volje. Ovde, iza i ispod svih tih blistavih događaja, svojeglavi ego još

†† Jevanđelje Egipćana priziva "samo-stvorenog Savršenog, koji nije izvan mene", a *Tripartitni traktat* govori o neizrecivom Jednom koji "poznaje sebe onakvog kakav jeste, odnosno kao onog koji je dostojan sopstvenog divljenja, i poštovanja, i časti, i pohvale, *jer on stvara sebe* . "Gnostički autori ovih odlomaka živeli su između 2. i 3. veka pre naše ere. Godine 1657., katolik Angelus Silesius slika Boga " koji kleči i klanja se sebi. " On je čudesan zato što "hoće ono što jeste i jeste ono što hoće, bez kraja i bez razloga".

4. AŽURIRANJE PRIČE

uvek je na delu, i verovatno marljivo radi na nečemu više nego ikada. I tako dolazimo do faze (7) našeg Puta, koja izgleda mnogo više kao ćorsokak ili neprelazna prepreka, nego što je u stvari – zaista probna faza puta, bolna, ali obavezna.

To je razočaravajuće i možda prilično razarajuće otkriće, da savršeno jasno i gotovo uobičajeno viđenje Ništavila ovde (koje podržavaju svi oni ohrabrujući događaji koje smo primetili ranije) može pratiti slepilo za moćno Nešto ovde - naime, lični i separativni ego. To je kao da je svetlost otvorila i preplavila oko (percepcija) i glavu (razmišljanje), dok su srce i utroba ostali, barem delimično, zatvoreni i skriveni. Kao da smo se *polovično* predali - gornji deo u potpunosti, dok niži možda protestvuje kao lud. U izvesnoj meri, „viši" i svesniji delovi ukupne ličnosti odvojeni su i nisu u skladu sa „inferiornim" i manje svesnim nivoima. (Naš slučaj mogao bi biti gori, u tom pogledu, od slučaja "neprosvećene" osobe koja je, na svim nivoima, posvećena svojoj fiktivnoj stvarnosti, i tako izbegava ozbiljno unutrašnje dvojstvo. Rezultat: sve veći i naobjašnjivi stres, možda ozbiljna depresija, osećaj beskorisnosti i ništavnosti. Užasna misao nas proganja: da li je sav taj duhovni "napredak", sav taj napor koji vodi do ove Prepreke, gubljenje vremena, čak i lažan?

Možemo da reagujemo na različite načine. Kada smo duboko obeshrabreni, možemo da odustanemo, sa tužnim osećajem da ovaj Put jasnog viđenja, ipak, nije tako jednostavan i da je mnogo neravniji nego što nam se činilo: i tako napuštamo naš teški pustinjski put i istražujemo druge, bolje popločane i popularnije i slikovitije autoputeve, rezervisane, možda, na jednoj ili drugoj od mnogih vođenih duhovnih tura koje su u ponudi. Ova reakcija je ne samo uobičajena, već i razumljiva.

Manje uobičajna reakcija je da se u tom trenutku zahteva pauza i da se iskoriste, zapravo, praktikuju, posebne moći ili *siddhis*, koje su već došle sa unutrašnjim viđenjem ili sa bezglavošću, i da se primene na ograničene (iako ne uvek usko lične) ciljeve – ciljeve koje je, koliko god da su razumni ili čak plemeniti, zapravo izabrao separativni ego. (U stvari, nema ego-putovanja koje bi bilo u skladu sa duhovnim ego-putovanjem! Tvrdi se da je Sotona najprosvećeniji od svih anđela: jedina duhovna osobina koja mu nedostaje je poniznost, samoodricanje. Pouzdan ne više od duboko značajnog mita; ego je u svima nama, ipak, dovoljno đavolast i sposoban za beskrajna izvrtanja.) Na primer, danas, kao u prošlosti, ima mnogo raznih vrsta nadarenih duhovnih majstora i čudotvoraca i mađioničara, lidera velikih kultova, koji nastoje (ponekad sa spektakularnim, mada privremenim uspehom) da iskoriste svoj kontakt sa onim Što jesu, kako bi promovisali ono što *nisu* – naime, njihovo lažno sopstvo, njihove ograničene ciljeve, njihovu moć nad

4. AŽURIRANJE PRIČE

drugima, ukratko njihov ego.‡‡ U najgorem slučaju, to je put ka duhovnom samoubistvu. U najboljem slučaju, to je primamljiv sporedni kolosek, koji, neko vreme skreće ne malo putnika. Pravi put vodi pravo u i, na kraju, kroz Prepreku, koju naša zapadna tradicija naziva Tamna Noć Duše. O tome, Evelyn Underhill (ekspert) piše: "Sopstvo u svom prvom pročišćenju očistilo je ogledalo percepcije; stoga, u svom prosvetljenom životu *videlo je* Stvarnost ... Sada, to mora *biti* Stvarnost: vrlo različita stvar. Za to, potrebno je novo i drastičnije pročišćenje - ne organa percepcije, već samog hrama sopstva: tog 'srca', koje je sedište ličnosti, izvor njegove ljubavi i volje." U izvesnom smislu, to je pravi početak Puta, pravog duhovnog života, što nije ništa drugo nego samo-predaja, samo-odricanje, što, u svari, pokriva šta god da nam se desi, i umire kao odvojeni i iluzorni ego (ja sam neko) i ponovo se rađa kao jedini i pravi Ego bez egoa (JA JESAM). Moglo bi se reći da je sav duhovni „napredak" do ove tačke bio samo priprema za ovo, suštinsku i daleko najtežu fazu Puta, koja, na kraju, dovodi do Proboja.

‡‡ Za ovu vrstu lidera, karakteristično je da, umesto da insistira da njegovi sledbenici obrate pažnju na svoj najdublji Izvor, i ,shodno tome, preuzmu odgovornost za svoje živote, on ih ohrabruje da obrate pažnju i da se oslanjaju na njega. On može da objasni da je predavanje njemu, spoljašnjem guruu, prvi korak ka predaji unutrašnjem Guruu, svom pravom Sopstvu; međutim, u praksi, preduzimanje ovog drugog koraka - koji zahteva zaokret - može lako da bude sve teže, kako prolaze meseci i godine sve veće predanosti. S druge strane, ako guru *zaista* želi da ga se njegovi učenici oslobode što je pre moguće, i da se okrenu unutra ka sopstvenom samopouzdanju, on može da im pomogne da to učine - tako da njihova ljubav i zahvalnost mogu samo da postanu jače.

(8) Proboj
To predstavlja duboku izjavu o nameri. *To je spoznaja na instinktivnom nivou (da tako kažem) da je naša najdublja želja da sve bude kao što jeste – i uviđanje da sve teče iz naše istinske Prirode, Svesnog Prostora ovde.*

Kako je ovaj proboj, zapravo, ostvaren? Šta možemo da učinimo da bismo ga približili?

U izvesnom smislu, ništa. To nije činjenje, već poništavanje, odustajanje, napuštanje lažnog uverenja da ovde postoji neko koga treba napustiti. Šta još treba da se učini? Na kraju krajeva, početno unutrašnje viđenje - ma koliko "kratko" i "plitko" - već je bilo potpuno samopredavanje: sve je ovde otišlo: ili bolje rečeno, bilo je jasno da ovde nema ničega što treba da ode. *Bio je to esencijalni kvantni skok od fikcije egocentričnosti do činjenice nultecentričnosti*. I, svakako, savesno svakodnevno viđenje koje se praktikuje od tada – viđenje da smo Ništa i Sve – najkorisnija je priprema za otkriće da, na najdubljem nivou, već *hoćemo* Ništa i Sve. Tada sam život – ako bismo samo naučili njegovu nepogrešivo mudru, ali često bolnu lekciju - uvek pokazuje da postizanje naših odvojenih i ličnih ciljeva donosi samo najkraće zadovoljstvo, a posle toga, iluzije i dosadu, ako ne i gnušanje: dok, kad god imamo dobru volju da kažemo DA! našim okolnostima, i aktivno želimo (umesto da pasivno pristajemo) šta god da se dešava, zašto se onda pojavljuje ta stvarna i trajna

4. AŽURIRANJE PRIČE

radost, koju istočnjačka tradicija naziva *ananda* .
Da li je taj proboj, dakle, napredak preko Očiglednog do onoga što nije očigledno, preko Običnog do izvanrednog, preko svetovnog i očiglednog do ezoteričnih, mističih, duboko skrivenih duhovnih stvari? Da li smo završili sa kompasom - naime, djetinjastim poverenjem u ono što se može videti - što nas je do sada vodilo na našem dugom putovanju? Upravo suprotno. Na ovoj strani Prepreke, nalazi se prava domovina Običnog, kraljevstvo Očiglednog, onoga Što je Tako. Na drugoj strani, pre proboja, koliko su naše želje pomračile i iskrivile i sakrile ono što je moglo da se vidi, i dozvolili smo da naša privrženost - naša ljubav i naša mržnja - zauzmu i zamagle našu središnju Jasnoću i prikriju nam stvarno! Koliko često smo viđali samo ono što smo želeli da vidimo, a naša namera je ometala našu pažnju! (Dva primera željne halucinacije: toliko mi je očajnički bilo potrebno da budem u skladu sa kompletnim ljudima oko mene, da sam decenijama "video" glavu i na *ovom* trupu; i, iz potpuno istog razloga, mikroskopisti iz 17. veka " videli" su i crtali ljudske spermatozoide kao mala i izdužena ljudska bića!) *Na toj strani prepreke, naša tvrdoglavost nagriza Očigledno: na ovoj strani, Očigledno nagriza našu tvrdoglavost* . Prepreka nije ništa drugo do krajnji napor odbrane naše tvrdoglavosti ili egoa, njegovog najimpresivnijeg, ali očajničkog stava protiv stalnog napada neizbežnih činjenica; i ono što ga nadvladava je

sve više i više od istog realizma, isto zahvalno poštovanje za Ono što je Tako - za ono što je Jasno Vidljivo, Potpuno Očigledno - što nas je dovelo sve do prepreke. Prema našoj zapadnjačkoj tradiciji, naš prodor je naša bezuslovna i stalno obnovljiva predanost Božjoj volji, koja se savršeno otkriva u našim okolnostima - Božjoj volji koja se jasno pokazuje svuda oko nas i u nama, u obliku svega što se događa upravo sada. *U onoj meri u kojoj njegova volja postaje naša, vidimo njegov svet kakav jeste; i, u onoj meri u kojoj ga vidimo kakav jeste, naša volja postaje njegova i, iz našeg srca, pozdravljamo sve što nam svet donosi*. Ovde, ukratko, naše viđenje i naše volja se spajaju - ne zauvek, naravno, već iz trenutka u trenutak, sve dok traje život.

Za dotatno pojašnjavanje ovog zbližavanja onoga što vidimo i onoga što hoćemo, vratimo se našem ranijem citatu iz jedne od Budinih propovedi: „Nirvana je vidljiva u ovom životu, primamljiva, privlačna, pristupačna mudrom učeniku."Šta je tačno ta tako vidljiva Nirvana? U istoj propovedi, ona se opisuje kao "Mir, Najviši… kraj žudnje, odbacivanje želje". Ovde je, napokon, podela prevaziđena; ne postoji rana koja deli Ništa, koje se tako jasno *vidi* iz Ništa, koje se sada duboko *oseća* - kao bezuslovna predaja volje. Ili, da ponovimo Budin izraz, kao kraj žudnje.

Ako uopšte možemo govoriti o vrhunskim iskustvima, to je (kao što nas Buda uverava) najviše od njih, i neodvojivo je od najnižeg iskustva. Dubina je visina,

4. AŽURIRANJE PRIČE

čitajte obrnuto; beskrajno poniženje je beskonačna ushićenost; potpuni gubitak sopstva je totalna samospoznaja. Na taj način, napokon, stići ćete na svoj put, tako što ćete potpuno prestati da se zavaravate i biti *vi*. Veliki hrišćanski autoritet predaje - Jean-Pierre de Caussade - piše: „Ako napustite svu suzdržanost, nosite svoje želje do krajnjih granica, beskrajno otvorite vaše srce, nema nijednog trenutka kada nećete naći sve što biste mogli poželeti. Sadašnji trenutak sadrži beskrajna bogatstva o kojima niste ni sanjali.

Kao protivteža - i potpuni kontrast u stilu, ali identičnost u suštini - evo jedne Zen priče. Neki učitelj imao je nadarenog učenika. Odlučio je da ga pošalje velikom učitelju koji će uspešno okončati njegovo podučavanje i pokazati mu put do vrhunskog Zen iskustva. Na zaprepašćenje učenika, ispostavilo se da je taj najbolji učitelj siromašna i prilično bolesna starica, od koje nije mogao da dobije nikakvo učenje. Međutim, na kraju je sve otkrila. To je bilo: "Nemam nikakvih pritužbi!"

Ovo remek-delo razboritosti - poput de Caussade-ovog ushićenog izliva - odnosi se na blagoslov, najveću radost, koja se sve vreme podrazumevala u našem viđenju veoma jednostavno (s mudrom i blagoslovljenom naivnošću) da ovde nemamo glavu, baš ništa. Koliki put prelazimo da bismo pronašli najveće blago, koje nosimo sa sobom sve vreme!

PUT BEZ GLAVE

Kratak pregled i Zaključak
Ovaj Put stavlja bezglavost - odnosno viđenje Ništavila - na sam početak duhovnog života. Od samog početka, to je "istinsko viđenje, večno viđenje", i ne zamenjuje se niti se poboljšava niti se menja dok putujemo. To je istraživačka, ali dobronamerna Svetlost koja osvjetljava sve faze Puta. To je Dragulj koji ispunjava želje, ono što se može videti - koje istovremeno preziremo i plašimo ga se - koje nam, na kraju otkrivamo, daje, s ljubavlju, sve što želimo. Ili pak, to je Stena, Temelj koji podržava višestruku srukturu religije, strukturu koja je uvek u izgradnji i koja uvek postaje opasno neuravnotežena - samo srce ili samo glava, asketska ili senzualna, nezemaljska ili sve do grla u politici, itd. - i sve dok ne zauzmemo stav o tom Temelju, pomalo smo izvan ravnoteže. Gegamo se, oscilujemo između ekstrema. Pa ipak, (pošto su metafore Toga neiscrpne) to je sam Hleb Života koji je, iako bez ukusa, *pravi* nutrijent, i, štaviše, pruža podršku delikatesima - duhovnim i mističnim užicima - koji se ponekad mažu po njemu. Srećom, naša ostava, iako često nema te ukusnije dodatke našoj ishrani, nikada ne ostaje bez Hleba Nasušnog.

Rekavši to, moramo odmah da ponovimo da, samo po sebi i kada ga ne prati istrajna praksa i duboko razumevanje, plus (iznad i ispod svega) predaja odvojene lične volje, naše početno iskustvo bezglavosti još uvek je

4. AŽURIRANJE PRIČE

beskorisno. Ono što možemo reći za ovo prolazno otkriće je da (iako se može zloupotrebiti) nikada samo po sebi nikome nije naškodilo, da zaista otvara kratak prozor prema Večnosti, i (pošto je šarka sada popustila) prozor može, u svakom trenutku, širom da se otvori na Božjem vetru i da, na kraju, ostane širom otvoren. Možemo verovati da ono što jesmo otkriva Sebe u svoj svojoj podnevnoj svežini i toplini i sjaju, u svojoj očaravajućoj očiglednosti, upravo kada treba.

✶✶✶✶✶✶

POSTSKRIPTUM

Pretpostavimo da želite da nastavite ovim Putem. U tom slučaju, možda postavljate pitanja kao što su: Gde da idem odavde? Kome da se obratim za podrobnija uputstva i ohrabrenje? Kojoj grupi za podršku bih mogao da se pridružim?

Za duhovnu delatnost koja bi bila tako aktivna i tako posebna kao što je većina drugih, Bezglavom Putu nesumnjivo nedostaje organizacija. On je sličan ljudima koji ga slede po tome što je i on bez glave - u smislu da nema predsedavajući organ, nema upravni odbor ni sedište, niti osoblje koje se brine o propisnom plaćanju članarina i registrovanju članova, koji se redovno sastaju i pokušavaju da se pridržavaju određenih uputstava.

Razlog za ovo odsustvo strukture ne leži u bilo kakvoj nepreduzimljivosti, ili potivljenju da se prenese iskustvo koje opisuje ova knjiga. Upravo suprotno. On proizilazi iz prirode samog tog iskustva - kao osnovnog u Samopouzdanju. Ili, detaljnije, od četverostruke spoznaje da je način na koji stvarno treba živeti da pogledamo unutra i vidimo Ko to čini, da ste samo vi u mogućnosti da vidite to "Ko", da to unutrašnje viđenje uspostavlja Vas kao autoritet o tome šta je najvažnije, i da se, stoga, vaš put neće prilagođavati nekom uspostavljenom obrascu, koji je naložen odozgo, koji predlaže ova ili bilo koja druga knjiga ili osoba ili sistem. Na primer, iako se nijedna od osam ovde opisanih faza ne može zaobići, možda ćete ustanoviti da savladavate kasnije faze drugačijim redosledom, i, svakako, na način koji je potpuno vaš.

Gledano spolja, kao grupa samozvanih bezglavih likova koji rade svoj posao, njihova prividna anarhija je, istovremeno, i ogroman nedostatak (u onoj mjeri u kojoj je organizacija neophodna da bi se stvari uklonile sa terena) i mala korist (u onoj mjeri u kojoj organizacije stvaraju probleme koji skrivaju - ako ne i narušavaju – upravo one stvari zbog čijeg unapređivanja su formirane). Gledano iznutra, međutim, ova svetovna mudrost prestaje da važi: nas ovde ne interesuju stvari, već Ne-stvar (Ništavilo) odakle one dolaze, Neobjašnjivo koje čini besmislenim sve planove da se stavi na mapu i napravi nešto od njega. Zašto osnovati Grupu ili Frakciju – koja, istovremeno, deli čovečanstvo na nas prosvijetljene insajdere i neprosvetljene autsajdere - Frakciju (ako hoćete!) čiji cilj je pokazati da *ne postoji* takva podela, da *su,* oni, u suštini, mi, i da smo svi *već* savršeno prosvetljeni? Istina je da Bezglavi Put, ipak, nije put, sredstvo da se negde stigne. Sve što bi naše srce moglo poželeti na raspolaganju je od samog početka. To ga čini potpuno drugačijim od onih obuka i kurseva koji dolaze u progresivnim ratama, sa stvarnom robom koja će biti isporučena jednog dana: i, u međuvremenu, mora da postoji ova Institucija koja će propisati pravila i upravljati

POSTSKRIPTUM

celim poslom. Ko bi se, u svakom slučaju, pridružio i platio dobar novac da bi dobio - kad bude dovoljno obučen – ono što vidi da već ima, u potpunosti.

Naša glavna svrha, dakle– a to je videti Ništavilo i živeti iz Ništavila - neizostavno je otporna na organizaciju. Za sve druge svrhe, slobodni smo da se pridružimo bilo kojoj organizaciji. To znači da, pošto nemamo našu "crkvu", predstavljamo minimalan izazov za druge, i nadamo se da ćemo moći da učimo od njih i sarađujemo sa njima. I, zaista, naši brojni "bezglavi" prijatelji smatraju da je korisno pripadati nekoj uspostavljenoj verskoj ili kvazi-vjerskoj zajednici. Međutim, bezglavi ostaje Jedini, i vidi sebe kao Jednog, i suočava se sa svojom Usamljenošću. Na tom nivou, nema drugih.

Ipak - sada se spuštamo na nivo na kome drugi zaista postoje – ne može se dovoljno naglasiti teškoća održavanja ovog viđenja, samotnog napredovanja. Za većinu nas, uhvaćenih u ovu najodvažniju i najzahtevniju avanturu, društvo saputnika avanturista preko je potrebno. Prema tome, bilo bi nerealno - još gore: neodgovorno i bezobzirno - ako bismo ohrabrili ljude da prime poruku ove knjige k srcu, a da uskratimo stalnu podršku, koju priroda ovog poduhvata dopušta. I, zaista, mi imamo mnogo toga da ponudimo čitaocima koji su posvećeni tome da nastave:

Prvo i najvažnije, postoje odani prijatelji, mreža - neobavezna, raštrkana, potpuno neformalna – posmatrača koji koriste sva raspoloživa sredstva za održavanje kontakta.

Drugo, određenu pomoć za tu svrhu nudi periodični časopis, pod nazivom *Bezglavi put (The Headless Way)*, koji povezije bezglavost sa velikim duhovnim tradicijama, i, zapravo, sa svim aspektima samog života. Ovaj časopis izdaje The Shollond Trust, 87B Cazenove Rd., London N16 6BB, Engleska. (Bivši urednik bila je Anne Sevard. Ovo je povoljna prilika da se naglasi da je, među mnogobrojnim prijateljima koji su pomogli u oblikovanju finalnih poglavlja ove knjige, doprinos Anne Sevard bio toliki da je ona, praktično, njen koautor.)

Treće, pored velike i dragocene (i sve dostupnije) mistične svetske književnosti - mistične u smislu da ukazuje na naš pravi Identitet - postoji mali broj knjiga i drugih pomoćnih izvora autora: detalji se mogu naći na strani 125. Pojedinosti o predstojećim seminarima koje će voditi autor i drugi, koji su osmišljeni da predstave bezglavost, mogu se dobiti od The Shollond Trust. Molimo vas da njima šaljete predloge i zahteve u vezi sa seminarima.

Četvrto i poslednje, ako se ispostavi da, i pored toga, teško nalazite prijatelje bez glave, možda ih ipak, nije tako teško steći. Stanje je, uprkos svim otporima, zarazno i jedinstveno prenosivo. U svakom slučaju, jedan od najboljih načina da ga održavate je da ga prenosite.

POSTSKRIPTUM

Ipak, na kraju, sva ova razmišljanja prilično su marginalna. Jer, do tog viđenja ne dolazimo kao ljudi – kao mnogi odvojeni pojedinci koji pomažu jedni drugima da vide Ko su oni zaista - već (kao što je zapisano u Upanishada-ma) kao "Jedan posmatrač u svim bićima".

Viđenje sebe je zaista povlastica i osobenost Jednog, i, u krajnjoj liniji, svi naši napori - organizovani ili haotični - da pomognemo to viđenje prilično su zabavni.

Da ponovimo naše prvo pitanje, onda: gde idemo sada? Odgovor je: nigde. Odlučimo da ostanemo upravo ovde, i da vidimo i budemo Ovo što je sušta Očiglednost i da snosimo posledice. Sve će biti u redu.

The Shollond Trust

Knjige, publikacije i seminari Douglas E. Harding-a dostupni su preko:
Shollond Trust
87B Cazenove Road
London N16 6BB
ENGLAND

Telefon i Faks +44 (20) 8806-3710
Email: headexchange@gn.apc.org
Vebsajt: www.headless.org

PUBLIKACIJE THE SHOLLOND TRUST-a:
Sprečiti stres (Head Off Stress), Douglas Harding
Religije sveta (Religions of the World), Douglas Harding
Hijerarhija neba i zemlje (The Hierarchy of
Heaven and Earth), Douglas Harding
Mala knjiga života i smrti (The Little Book of
Life and Death) Douglas Harding
Nauka 1-og lica (The Science of the 1st Person), Douglas Harding
Sablast u jezeru (The Spectre in the Lake), Douglas Harding
Suđenje čoveku koji je tvrdio da je Bog (The Trial of the
Man Who Said He Was God), Douglas Harding
Izlazak na svež vazduh (Stepping into Brilliant Air) , Colin Oliver
Put bez glave (The Headless Way) , Časopis Shollond Trust-a

Licem u ne-lice (Face to No-Face), Douglas Harding

Potražite sebe (Look for Yourself), Douglas Harding

Put bez glave (On Having No Head) (video), sa Douglasom Harding-om

www.ingramcontent.com/pod-product-compliance
Lightning Source LLC
Chambersburg PA
CBHW071708040426
42446CB00011B/1971